Karin Meyer-Götz / Dr. Heinrich Meyer-Götz

Das MEGO - Vorsorgebuch

Das MEGO - Vorsorgebuch

Rechtsanwälte Karin Meyer-Götz & Dr. Heinrich Meyer-Götz

Hinweise für die Nachlassregelung
Formulare für den Todesfall
Entwürfe für Patienten-, Betreuungs- und Organverfügungen

Name, Vorname

Name, Vorname

Vorwort

Liebe Leserinnen und Leser,

Sie haben das MEGO-Vorsorgebuch erworben – eine gute, weil verantwortungsbewusste Entscheidung! Gedanken an Zukunftsrisiken blenden ja viele gern aus. Verständlich! Aber plötzlich ist der Schock da: Eine schwere Krankheit tritt ein, ein Unfall oder gar der Tod.

Wenn es dann drängt, liegt im Vorsorgebuch alles bereit: Daten, Vollmachten und umfassende Informationen zur Person – u. a. auch schriftlich fixierte Entscheidungen zu Fragen wie: Wer soll mich im Ernstfall rechtlich vertreten, wer erbt was, möchte ich die Organspende, die Sterbehilfe? – usw. Werden diese Dinge nicht beizeiten geklärt, geht in einer solchen Krisensituation oft die Suche nach den wichtigen Papieren und Dokumenten los – und die Lage kann für die ohnehin überforderten Angehörigen schnell zum Alptraum geraten.

Dem können Sie – angeleitet durch das MEGO-Vorsorgebuch – vorbeugen: Nach Sachinformationen zu wichtigen Fragen der „Immateriellen Lebensvorsorge" im ersten Kapitel werden im zweiten verschiedenste Angaben zu den persönlichen Verhältnissen und Vermögenswerten zusammengefasst. Die beiden übrigen Hauptabschnitte enthalten die gesammelten Checklisten, Leitfäden und rechtlich geprüften Verfügungen im Hinblick auf den schweren Krankheits- oder den Todesfall.

An mehreren Stellen des Vorsorgebuchs legen wir Ihnen nahe, in Detailfragen anwaltlichen bzw. notariellen Rat einzuholen. Dazu der Hinweis, dass die Gebührenordnung der Rechtsanwälte (BRAGO) inzwischen kostengünstige Erstberatungen vorsieht sowie die Möglichkeit, mit dem Anwalt Stundenhonorare zu vereinbaren.

Etwas zum Thema Erbschaft: Schon viele Familien sind wegen Erbstreitigkeiten auseinander gebrochen. Diese Gefahr lässt sich zwar nicht gänzlich bannen, doch neben einem gültigen, klar abgefassten Testament kann man Meinungsverschiedenheiten unter den Erben mit einem weiteren Mittel begegnen:

Die Deutsche Schiedsgerichtsbarkeit für Erbstreitigkeiten (DSE) bietet einen praktikablen, außergerichtlichen Einigungsweg auch für die Verteilung hoher Vermögenswerte an. Das bedeutet: Vollstreckbarer Schiedsspruch am Ende der Verhandlung, kein teurer, langwieriger Weg durch die Instanzen, keine Ermittlung von Amts wegen bei sensiblen Finanzfragen sowie Ausschluss der Öffentlichkeit. Es empfiehlt sich von daher, die entsprechende Schiedsvereinbarung (s. S. 133) in die testamentarischen Verfügungen aufzunehmen.

Schließlich unsere Bitte an Sie: Nehmen Sie sich die wenigen Stunden Zeit und füllen Sie Ihr MEGO-Vorsorgebuch – ggf. mit Ihrem Partner und Ihren Kindern – gewissenhaft aus. Danach haben Sie die wichtigsten Angelegenheiten Ihrer Familie geregelt und können das Vorsorgebuch beruhigt zur Seite legen. Aber an einen Ort, an dem es im Fall der Fälle auch auffindbar ist! Denn nur so können Ihre Wünsche und Entscheidungen dann auch umgesetzt werden.*

**Wir verweisen insoweit auf den Online-Suchservice unter www.deutsche-verfuegungszentrale.de des MEGO Internet-Verlags (s. Folgeseite).*

Ihre Autoren

RA Dr. Heinrich Meyer-Götz
RA Karin Meyer-Götz,
Fachanwältin für Familien- und Steuerrecht
www.meyer-goetz.de

Impressum

Das MEGO-Vorsorgebuch
für Ehepaare
6. Auflage
Printed in Italy
ISBN 3-8118-5611-1

Autoren: RA Dr. Heinrich Meyer-Götz
RA Karin Meyer-Götz,
Fachanwältin für Familien- und Steuerrecht
www.meyer-goetz.de

Bearbeitung: Michael Salzmann

Gestaltung: Dipl. Des. (FH) Susanne Meyer-Götz

WICHTIGER HINWEIS

www.deutsche-verfuegungszentrale.de

www.deutsche-verfuegungszentrale.de
– damit Ihre Vorsorge-Dokumente im Ernstfall garantiert auffindbar sind

Dieses Buch enthält juristisch geprüfte Vorlagen für die Patienten- und Betreuungsverfügung, für die Vorsorgevollmacht sowie für die Organverfügung. Mithilfe solcher von Ihnen ausgefüllten und eigenhändig unterschriebenen Dokumente nehmen Sie im Voraus darauf Einfluss, was mit Ihnen in Ihrer letzten Lebensphase (diese kann ja leider auch bei jüngeren Menschen plötzlich eintreten) geschehen soll – und was gegebenenfalls nicht!

Mit anderen Worten: Durch diese Verfügungen können Sie sich selbst, aber auch Ihren Angehörigen unter Umständen viel unnötiges Leid, Kummer und Stress ersparen. Denn die behandelnden Ärzte und auch die Behörden, namentlich das zuständige Vormundschaftsgericht, sind bei allen Entscheidungen, bei denen es um Ihr Wohl und Wehe geht, an Ihren hierdurch vorsorglich zum Ausdruck gebrachten Willen gebunden.

Allerdings müssen diese Dokumente den Entscheidungsträgern in der Krisensituation auch vorliegen – sonst nützt auch eine sorgfältig aufgesetzte Verfügung nichts!

Von Nutzern unserer Bücher kam die Anregung, es auf irgendeine Weise sicherzustellen, dass die persönlichen Willensäußerungen jederzeit von den im Fall der Fälle verantwortlichen Ärzten und Vormundschaftsrichtern aufgefunden werden können.

Der MEGO Internet-Verlag hat deshalb einen Online-Service programmiert: Unter www.deutsche-verfuegungszentrale.de kann jedermann die Information darüber bereitstellen, ob von ihm Verfügungen getroffen wurden, wo diese hinterlegt sind und wen er bevollmächtigt hat, im Ernstfall diese Dokumente dem Krankenhaus bzw. Vormundschaftsgericht vorzulegen.

Der entscheidende Vorteil: Die inzwischen sämtlich von diesem Service informierten Krankenhausverwaltungen und Vormundschaftsrichter können sich über diese Online-Datenbank rund um die Uhr Kenntnis über das etwaige Vorhandensein von Patienten- und Betreuungsverfügungen des Betroffenen verschaffen – und sind aus straf- bzw. zivilrechtlichen Gründen gehalten, dies auch zu tun.

Oft kennen zwar Angehörige oder Freunde den Aufenthaltsort Ihres Vorsorgebuchs. Aber wenn der Notfall eintritt (wenn Sie sich z.B. auf Reisen oder im Ausland befinden), weiß womöglich niemand von jenen Papieren, die Ihren ausdrücklichen Willen dokumentieren sollen.

Damit dies nicht passieren kann, bietet der Mego Internet-Verlag Ihnen als Besitzer der Vorsorgebücher die Aufnahme in den Online- Service der www.deutsche-verfuegungszentrale.de an – zum Preis von 7,00 Euro jährlich bei einer Laufzeit von sechs Jahren für den Standardeintrag (Gesamtpreis: 42,00 Euro inkl. MwSt.). Zu diesem Service gehört auch, dass wir Sie alle zwei Jahre daran erinnern, Ihre Unterschrift unter der Patientenverfügung zu erneuern.

Letzteres ist erforderlich, damit den verantwortlichen Medizinern keine Zweifel dahingehend entstehen, ob sich Ihre Willenslage nicht vielleicht inzwischen gewandelt hat. Außerdem würden wir Sie bei der Gelegenheit über die jeweils aktuelle Rechtslage bezüglich der Vorsorgeverfügungen informieren.

Als Alternative zum Standardeintrag können Sie den Dauereintrag wählen für eine Laufzeit von 20 Jahren. Preis: 4,70 Euro jährlich – Gesamtpreis: 94,00 Euro inkl. MwSt.

Wenn Sie diesen Online-Service in Anspruch nehmen wollen, schicken Sie bitte den auf Seite 151 vorbereiteten Antrag ausgefüllt und unterschrieben an uns zurück!

Inhaltsverzeichnis

I Informationen zur Immateriellen Lebensvorsorge

Über Vergangenes
mache dir keine Sorge,
dem Kommenden
wende dich zu

Tsen Kuang

Kommendes

I Fragen und Antworten zur Immateriellen Lebensvorsorge

Einführung

Mit dem MEGO-Vorsorgebuch haben Sie einen Leitfaden an der Hand, der Sie bei der Regelung Ihrer persönlichen Verhältnisse zuverlässig begleiten wird. Das beginnt mit den vielen Aspekten der äußeren Absicherung, die Sie mit den vorliegenden Datenblättern zusammenfassen und auf Vollständigkeit überprüfen können. Mit dieser Übersicht helfen Sie zugleich in entscheidender Weise auch Ihren Angehörigen bzw. denjenigen, die im Falle Ihrer Erkrankung oder Ihres Ablebens Ihre vorrangigen Angelegenheiten verwalten sollen.

Denn auch wenn Sie alle Ihre persönlichen Akten stets akkurat geführt haben – das MEGO-Vorsorgebuch vermittelt dem Außenstehenden, der sich plötzlich zurechtfinden muss, eine **„Vogelperspektive“,** die ihn in kürzester Zeit alle relevanten Vorgänge (Vermögens-, Versicherungs- und Steuerangelegenheiten etc.) übersehen lässt.

Diese **Transparenz kann** für Sie selbst, aber auch für die Menschen, die Ihnen am Herzen liegen, **von größter Bedeutung** sein. In Zeiten körperlicher und geistiger Gesundheit sollte daher alles, was im Voraus bedacht werden kann, mit größtmöglicher Sorgfalt geregelt werden. Stellen Sie also mit Hilfe des konsequent durchgearbeiteten MEGO-Vorsorgebuchs sicher, dass auch in einer Krisensituation Ihr wohlüberlegter Wille zum Tragen kommt.

Das gilt insbesondere auch für **ethisch schwierige Problemlagen** aus dem medizinischen Bereich: Oft kann bei **alten und schwerstkranken Patienten** die Willenslage hinsichtlich einer intensivmedizinischen Behandlung nicht mehr ermittelt werden. Unzählige Menschen werden auf diese Weise zum **Gegenstand umfangreicher und für sie qualvoller ärztlicher Bemühungen,** obwohl sie im Zweifel längst gerne in Frieden gestorben wären.

Ob in „handfesten“ oder sensiblen Angelegenheiten – es ist notwendig, dass Sie im vorhinein **Helfer bestimmen, die**, wenn es soweit ist, **das von Ihnen Gewollte auch umsetzen.** Viele wissen sich hier im Vertrauen auf den Partner, die Kinder oder die Eltern geborgen. Aber Vorsicht: Das Gesetz kennt kaum Sonderrechte für nahe Angehörige bei der gegenseitigen Fürsorge. So wird etwa der eine Ehegatte nicht „automatisch“ der Betreuer des anderen – es sei denn, Sie haben es vorher so festgelegt.

Zur Erklärung: Der Gesetzgeber hatte das oft schwierige Geflecht von wirtschaftlichen und sonstigen persönlichen Interessen des Hilfsbedürftigen im Blick, als er auch für nahe **Verwandte** die **Möglichkeit eng begrenzt** hat, **im Notfall für den Betroffenen rechtswirksam zu handeln.** Zum einen sind die Angehörigen mit den anstehenden Problemen nicht selten schlicht überfordert. Leider ist aber auch vielerorts die menschliche Vertrauensbasis durch bestimmte Ereignisse weggebrochen, es kann schnell zu innerfamiliären Unstimmigkeiten kommen bzw. fehlen einfach die Familienteile, die wichtige Entscheidungen und Maßnahmen treffen könnten.

Wer dennoch möchte, dass vertraute Menschen im Ernstfall das Ruder in die Hand nehmen sollen und nicht völlig fremde, per Gesetz und Gericht bestellte Personen, muss dies **schriftlich niederlegen.** Solche Dokumente – Vollmachten und/ oder Verfügungen – haben gewissen gesetzlichen Kriterien zu genügen. Geht es etwa um weittragende Festlegungen bei medizinischen Problemen wie z. B. um die Frage der Organspende, dann muss die betreffende Vollmacht diesen Entscheidungsumfang ausdrücklich enthalten.

Im Folgenden werden die in diesem Zusammenhang häufig gestellten Fragen beantwortet.

I Informationen zur immateriellen Lebensvorsorge

Häufig gestellte Fragen zu Rechtsvollmachten und Verfügungen

Welche Rechte haben die Angehörigen, insbesondere die Ehepartner oder die gemeinsamen Kinder?

Nach dem Bürgerlichen Gesetzbuch (BGB) haben nur Eltern ihren minderjährigen Kindern gegenüber ein umfassendes Sorgerecht, also die Befugnis zur Entscheidung und Vertretung in allen Angelegenheiten. Für ein volljähriges Kind können die Eltern nur noch auf zweierlei Weise Entscheidungen fällen oder rechtsverbindliche Erklärungen abgeben: Entweder aufgrund einer so genannten rechtsgeschäftlichen Vollmacht oder wenn die Eltern gerichtlich bestellte Betreuer sind.

Was spricht dafür, eine Vorsorgevollmacht rechtsverbindlich auszufertigen?

Mit der Vorsorgevollmacht können Sie eine oder mehrer Personen Ihres Vertrauens benennen, die bereit sind für Sie im Bedarfsfall zu handeln. Sie haben somit die Möglichkeit, Ihren individuellen Wünschen und Bedürfnissen Ausdruck zu verleihen sowie zusätzliche Anweisungen zu geben, wie Ihre persönlichen Angelegenheiten geregelt werden sollen. Wir raten deshalb an, die gewünschten und benannten Bevollmächtigten über ihre Benennung zu informieren und sie bereits bei der Erstellung der Vollmacht hinzuzuziehen.

Genügt eine Generalvollmacht zur Regelung aller Angelegenheiten?

Eine Generalvollmacht kann zwar dem Wortlaut nach zur Vertretung in allen Angelegenheiten ermächtigen. Mehrere wichtige Fälle werden davon jedoch nicht abgedeckt: Das BGB verlangt eine ausdrückliche Bevollmächtigung, wenn einer ärztlichen Untersuchung zugestimmt werden soll, bzw. einer Heilbehandlung oder einem medizinischen Eingriff, wenn hierbei Lebensgefahr besteht (etwa bei einer Herzoperation) oder eine schwere, nachhaltige Gesundheitsschädigung zu erwarten ist (z. B. bei einer Amputation). Ferner soll der Bevollmächtigte - zum Schutz des Vollmachtgebers - zu einer geschlossenen Unterbringung oder einer anderen freiheitsbeschränkenden Maßnahme (etwa ein Bettgitter) nur einwilligen können, wenn dieser Entscheidungsumfang in der schriftlichen Vollmacht konkret genannt ist. Gleiches gilt bei der Frage einer Organspende. Weil also eine Generalvollmacht in den oben aufgeführten wichtigen Situationen wegen der fehlenden Rechtswirksamkeit ihren Zweck nicht erfüllt, haben wir mit aller Sorgfalt die speziellen Vorsorgevollmachten, Patientenverfügungen und Betreuungsverfügungen für Sie vorbereitet.

Was bewirkt eigentlich eine Patientenverfügung?

Mit der Patientenverfügung können Sie Entscheidungen treffen für die klinische Behandlung in der letzten Lebensphase oder für die Pflege bei schwerster und aussichtsloser Erkrankung und damit auch eine Vollmacht für den medizinischen Bereich erteilen. Eine rechtswirksame Patientenverfügung muss von den behandelnden Ärzten beachtet werden. Deshalb ist es wichtig, dass diese Vollmacht schriftlich niederlegt ist und von Zeugen bestätigt wird, dass Sie beim Abfassen dieser Verfügung bei klarem Verstande, also „geschäftsfähig" waren. Die handschriftliche Form ist dabei nicht zwingend vorgeschrieben. Es reicht aus, wenn Sie die vorbereitete Verfügung ausfüllen und mit Ihrer eigenhändigen Unterschrift versehen. Damit den Ärzten auch nachgewiesen werden kann, dass zum Zeitpunkt der Entscheidung die von Ihnen verfasste Patientenverfügung noch von Ihrem Willen abgedeckt ist, raten wir an, Ihre eigenhändige Unterschrift in Abständen von ca. zwei Jahren zu erneuern und diese Unterschrift ebenfalls durch einen Zeugen bestätigen zu lassen. Je aktueller die Verfügung bezeugt wurde, desto zweifelsfreier darf sich der Arzt nach ihrem Inhalt richten.

I Informationen zur immateriellen Lebensvorsorge

Wie verhält es sich demgegenüber mit der Betreuungsverfügung?

Die Betreuungsverfügung leitet sich aus § 1901 a BGB ab. Hier handelt auch jemand an Ihrer Stelle, jedoch unter weitergehender gerichtlicher Kontrolle. So muss zwar das Vormundschaftsgericht die von Ihnen benannte Person bestellen, jedoch bei schwerwiegenden Maßnahmen wie z. B. bei einem Behandlungsabbruch die dafür notwendige Genehmigung erteilen.
In jedem Fall sollte sich Ihre Betreuungsverfügung auf eine Person Ihres Vertrauens beziehen. Bitte bedenken Sie dabei, dass es oft auch von einem entschiedenen Auftreten abhängt, ob sich Ihre Rechte gegenüber Ärzten und Behörden durchsetzen lassen. Wir empfehlen deshalb, als Betreuer jüngere Personen zu benennen, die solchen Anforderungen aller Voraussicht nach am ehesten gewachsen sind.

Braucht man zusätzlich noch eine Vorsorgevollmacht?

Die Antwort heißt ja! Die Vorsorgevollmacht beruht auf § 1896 Absatz 2, Satz 2 BGB und bevollmächtigt die benannte Person ihres Vertrauens im Falle eigener Entscheidungs- und Handlungsunfähigkeit für den Vollmachtsgeber rechtswirksam zu handeln. Die Vorsorgevollmacht ergänzt deshalb die Patientenverfügung in wirtschaftlicher Hinsicht! Die Mitwirkung des Vormundschaftsgerichtes entfällt dabei in der Regel. Grundsätzlich ist es ausreichend, wenn die hinten abgedruckte Vorsorgevollmacht eigenhändig unterschrieben wird. Die Unterschrift sollte jedoch alle zwei Jahre erneuert werden, damit daraus die aktuelle Willenslage abgeleitet werden kann. Die Unterschrift und somit der Vollbesitz der geistigen Kräfte des Vollmachtgebers ist dabei jeweils von einem Zeugen zu bestätigen. Wenn auch über Grundstücke verfügt werden soll, ist die notarielle Beurkundung der Vollmacht (wichtig: genaue Kennzeichnung der Grundstücke im Lageplan) notwendig.

Wo kann ich die wichtigen Verfügungen und Vollmachten aufbewahren?

Weil dem jeweiligen Adressaten die Vollmachten im Original vorgelegt werden müssen, sind diese Dokumente unbedingt an einem dem Bevollmächtigten bekannten und zugänglichen Ort aufzubewahren. In Frage kommen hier Ihr Schreibtisch, Ihre persönlichen Unterlagen, aber auch das Bankschließfach oder ein Beratungsakte bei dem Anwalt Ihres Vertrauens.
Erhält der (vertrauenswürdige!) Bevollmächtigte hingegen die Vollmacht gleich nach ihrer Erstellung, so nur unter der Maßgabe, dass er davon erst beim Eintritt bestimmter Bedingungen Gebrauch macht. Sollte der Bevollmächtigte die Vollmacht absprachewidrig verwenden, dürfen Sie jederzeit die Vollmacht widerrufen und ggf. Schadensersatz fordern. Wer sicher gehen möchte, dass seine wichtigen Dokumente in einer Krisensituation auch gefunden und wirksam werden, kann unter www.deutsche-verfuegungszentrale.de die Information bereitstellen, **ob** für seine konkrete Person Verfügungen und Vollmachten existieren, **wo** diese verwahrt werden und **wer** bevollmächtigt und beauftragt ist, sie im Fall der Fälle vorzulegen (Näheres dazu im Vorspann dieses Buches und auf S. 151 ff).

Ab wann und wie lange gelten die Vollmachten?

Die Vollmacht gilt im Außenverhältnis – also zwischen dem Bevollmächtigten und Dritten - ab dem Zeitpunkt der Ausstellung. Wenn Sie die Vollmacht widerrufen wollen, können Sie den Bevollmächtigten in dem Formular streichen und durch eine andere Person Ihres Vertrauens ersetzen. Sofern Sie die Vollmachtsurkunde einem Bevollmächtigten bereits übergeben haben, muss bei Widerruf die ausgehändigte Vollmacht zurückverlangt werden.

II Persönliches

Ich denke ständig an die Zukunft. In ihr werde ich den Rest meines Lebens verbringen

R. Jungk

Zukunft

II Persönliches

Persönliche Daten

Titel:

Familienname:

Geburtsname:

Vorname(n):
[Rufnamen bitte unterstreichen]

Adressen:

Erster Wohnsitz:
[mit Telefon- und Telefax-Nr.]

Zweiter Wohnsitz:
[mit Telefon- und Telefax-Nr.]

E-Mail-Adresse:

Passwörter, Zugangscodes, Geheimnummer.:
[sind hinterlegt bei]

> Persönliche Geheimdaten von EC-/Kreditkarten, Autoradio, Handy, PC, Laptop sollten entweder im Bankschließfach oder beim Anwalt/Notar in einer Beratungsakte hinterlegt werden. <

Geburtsdatum:

Geburtsort:

Geburtsbundesland:

Geburtsurkunden-Nr.:

Ausstellende Behörde:

Staatsangehörigkeit:

Personalausweis-Nr.:

Ausstellende Behörde:

Reisepass-Nr.:

Ausstellende Behörde:

Beruf:

Persönliche Notizen

II Persönliches

Religionsbekenntnis:

Getauft am:
[in der Kirche]

Zuständige Gemeinde:
[mit Anschrift]

Standesamt:
[mit Anschrift]

Zuständiges Pfarramt:
[mit Anschrift]

Name des Pfarrers:

Paten:
[mit Adressen]

Paten:
[mit Adressen]

Konfirmation am:
[in der Kirche]

Erstkommunion am:
[in der Kirche]

Firmung am:
[in der Kirche]

Jugendweihe am:
[Ort]

Familienstand:

Ort und Tag der Eheschließung:
[standesamtlich/kirchlich]

Zuständige Gemeinde:
[mit Anschrift]

Standesamt:
[mit Anschrift]

Zuständiges Pfarramt:
[mit Anschrift]

Persönliche Notizen

II Persönliches

Name des Pfarrers:

Aufbewahrungsort des Stammbuches:

Güterstand:

[Zugewinngemeinschaft/Gütertrennung/Gütergemeinschaft]
[Zutreffendes bitte eintragen]

Ein Ehevertrag befindet sich:

[Aufbewahrungsort]

Geschieden seit:

Aktenzeichen:

Zuständiges Finanzamt:

[Anschrift]

Steuerberater:

[Anschrift]

Steuer-Nr.:

Rechtsanwalt:

[Anschrift]

Berufliche Situation

Arbeitgeber:

[Anschrift]

Personalbüro:

[Anschrift]

Personal-Nr.:

Selbstständige Tätigkeit:

Ust-Id:

Zuständiges Finanzamt:

Steuer-Nr.:

Persönliche Notizen

II Persönliches

Arbeitslosigkeit

Arbeitsamt:

Kunden-Nr.:

Sozialhilfe

Sozialamt:

Kunden-Nr.:

Angaben zum Gesundheitszustand

Blutgruppe:

Allergien/Unverträglichkeiten:

Lebensnotwendige Medikamente:

Chronische Krankheiten:

Sonstige Angaben:

Persönliche Notizen

II Persönliches

Persönliche Daten des Ehepartners

Titel:

Familienname:

Geburtsname:

Vorname(n):
[Rufname bitte unterstreichen]

Adresse:
[falls abweichend]

E-Mail-Adresse:

Passwörter, Zugangscodes, Geheim-Nr.:
[sind hinterlegt bei]

> Persönliche Geheimdaten von EC-/Kreditkarten, Autoradio, Handy, PC, Laptop sollten entweder im Bankschließfach oder beim Anwalt/Notar in einer Beratungsakte hinterlegt werden. <

Geburtsdatum:

Geburtsort:

Geburtsbundesland:

Geburtsurkunden-Nr.:

Ausstellende Behörde:

Staatsangehörigkeit:

Personalausweis-Nr.:

Ausstellende Behörde:

Reisepass-Nr.:

Ausstellende Behörde:

Beruf:

Persönliche Notizen

II Persönliches

Arbeitgeber:

[Anschrift]

Personalbüro:

[Anschrift]

Personal-Nr.:

Religionsbekenntnis:

Getauft am:

[in der Kirche]

Zuständige Gemeinde:

[mit Anschrift]

Standesamt:

[mit Anschrift]

Zuständiges Pfarramt:

[mit Anschrift]

Name des Pfarrers:

Paten:

[mit Adressen]

Paten:

[mit Adressen]

Konfirmation am:

[in der Kirche]

Erstkommunion am:

[in der Kirche]

Firmung am:

[in der Kirche]

Jugendweihe am:

[Ort]

Berufliche Situation

Arbeitgeber:

[Anschrift]

Persönliche Notizen

II Persönliches

Personalbüro:

[Anschrift]

Personal-Nr.:

Selbstständige Tätigkeit:

Ust-Id:

Zuständiges Finanzamt:

Steuer-Nr.:

Arbeitslosigkeit

Arbeitsamt:

Kunden-Nr.:

Sozialhilfe

Sozialamt:

Kunden-Nr.:

Angaben zum Gesundheitszustand

Blutgruppe:

Allergien/Unverträglichkeiten:

Lebensnotwendige Medikamente:

Chronische Krankheiten:

Sonstige Angaben:

Persönliche Notizen

II Persönliches

Ihre Eltern

[Namen, Geburtstage und Anschriften bitte eintragen]

Vater:

Mutter:

Eltern des Partners

[Namen, Geburtstage und Anschriften bitte eintragen]

Vater:

Mutter:

Geschwister/falls verstorben, deren Kinder

[Namen, Geburtstage und Anschriften bitte eintragen]

1.
2.
3.
4.
5.
6.
7.
8.

Persönliche Notizen

II Persönliches

Persönliche Daten der Kinder

Kinder

[Namen, Geburtstage und Anschriften bitte eintragen]

1.
2.
3.
4.
5.
6.

Vormund/Pfleger der Kinder ist

[Namen und Anschriften bitte eintragen]

1.
2.

Abweichende leibliche Eltern

[Namen und Anschriften bitte eintragen]

1.
2.

Enkel

[Namen, Geburtstage und Anschriften bitte eintragen]

1.
2.
3.
4.
5.
6.
7.

Persönliche Notizen

II Persönliches

Im schweren Krankheits- oder im Todesfall sofort zu benachrichtigende Personen

1. ____________________

2. ____________________

3. ____________________

4. ____________________

5. ____________________

6. ____________________

7. ____________________

8. ____________________

9. ____________________

10. ____________________

Persönliche Notizen

II Persönliches

Wohnsituation

Ich bin/ Wir sind Mieter

☐ eines Hauses ☐ einer Wohnung ☐ eines Grundstücks

Vermieter:

Adresse des Vermieters:

Telefon:

Hausverwaltung:

Adresse der Hausverwaltung:

Telefon:

Mietkaution in Höhe von:

Kündigungsfrist:

Ende Mietvertrag:

Hauptmieter:

Medien

[Bitte Adressen angeben]

Stromversorgung: Kunden-Nr.:

Wasser: Kunden-Nr.:

Abwasser: Kunden-Nr.:

Gasversorgung: Kunden-Nr.:

Telefonanschluss: Kunden-Nr.:

TV Kabelanschluss: Kunden-Nr.:

II PERSÖNLICHES

ICH BIN/WIR SIND EIGENTÜMER

☐ eines Hauses ☐ einer Eigentumswohnung ☐ eines Grundstücks

Grundbuch: Band/Blatt:

Miteigentumsanteil: Wohnfläche in qm:

Garage/Stellplatz-Nr.: Grundstücksanteil:

Einheitswert: Baujahr:

Steuer-Nr. für Grundsteuer:

Zuständiges Finanzamt:

HYPOTHEKEN/GRUNDSCHULDEN BEI

	Kapitalgeber	Summe	Zins	Festschreibung bis	Rang im Grundbuch
1.					
2.					
3.					
4.					
5.					

TILGUNG ERFOLGT ÜBER

☐ Annuität ☐ Lebensversicherung
☐ Rentenversicherung ☐ Bausparkasse

bei Kreditinstitut/Versicherung:
[Name, Ansprechpartner und Anschrift]

Ratenfälligkeit:

Kaufvertrag vom: Urkundenrolle-Nr.:

Notariat:
[Name und Anschrift]

II Persönliches

Ich bin/Wir sind Eigentümer

☐ eines Hauses ☐ einer Eigentumswohnung ☐ eines Grundstücks

Grundbuch: Band/Blatt:

Miteigentumsanteil: Wohnfläche in qm:

Garage/Stellplatz-Nr.: Grundstücksanteil:

Einheitswert: Baujahr:

Steuer-Nr. für Grundsteuer:

Zuständiges Finanzamt:

Hypotheken/Grundschulden bei

	Kapitalgeber	Summe	Zins	Festschreibung bis	Rang im Grundbuch
1.					
2.					
3.					
4.					
5.					

Tilgung erfolgt über

☐ Annuität ☐ Lebensversicherung
☐ Rentenversicherung ☐ Bausparkasse

bei Kreditinstitut/Versicherung:
[Name, Ansprechpartner und Anschrift]

Ratenfälligkeit:

Kaufvertrag vom: Urkundenrolle-Nr.:

Notariat:
[Name und Anschrift]

II Persönliches

Mietangelegenheiten

Vermietetes Objekt

☐ Einzelhaus ☐ Eigentumswohnung ☐ Mehrfamilienhaus

Straße und Haus-Nr.:

Postleitzahl und Ort:

Wertschätzung liegt vor: ☐ Ja ☐ Nein

Einheitswert: Baujahr:

Grundstücksanteil: Wert:

Mieter

Name und Anschrift	Mietvertrag vom	Kündigungsfrist
1.		
2.		
3.		
4.		
5.		

Verwalter

[Name und Anschrift]

Zu 1.

Zu 2.

Zu 3.

Zu 4.

Zu 5.

Meine/unsere Immobilienunterlagen befinden sich:

II Persönliches

Sonstige Miet-, Leasing- oder Pachtverträge

Vertragsart	Objekt	lfd. Verpflichtung	Gläubiger

Unterhaltsverpflichtungen

Rechtsgrund	Zahlungspflichtiger	Empfänger	lfd. Zahlung

II Persönliches

Versicherungen

In unseren Versicherungsangelegenheiten betreut uns

Name:

Firma:

Adresse:

Hinweis:

Rechtsanwalt

Name:

Adresse:

Hinweis:

Anspruch auf Betriebsrente

Viele Betriebe (hierbei auch an frühere Arbeitsverhältnisse denken!) zahlen an die Angehörigen eines verstorbenen Mitarbeiters eine Betriebsrente oder einen einmaligen Betrag. Zuweilen schützte der Arbeitgeber seine Beschäftigten auch mit einer speziellen Unfallversicherung für Dienstreisen.

☐ Ja ☐ Nein

Firma 1:

Adresse:

Personal-Nr.:

Höhe: ab Alter:

Firma 2:

Adresse:

Personal-Nr.:

Höhe: ab Alter:

II Persönliches

Versicherungen

In unseren Versicherungsangelegenheiten betreut uns

Name:

Firma:

Adresse:

Hinweis:

Rechtsanwalt

Name:

Adresse:

Hinweis:

Anspruch auf Betriebsrente

Viele Betriebe (hierbei auch an frühere Arbeitsverhältnisse denken!) zahlen an die Angehörigen eines verstorbenen Mitarbeiters eine Betriebsrente oder einen einmaligen Betrag. Zuweilen schützte der Arbeitgeber seine Beschäftigten auch mit einer speziellen Unfallversicherung für Dienstreisen.

☐ Ja ☐ Nein

Firma 1:

Adresse:

Personal-Nr.:

Höhe: ab Alter:

Firma 2:

Adresse:

Personal-Nr.:

Höhe: ab Alter:

II PERSÖNLICHES

BERUFSGENOSSENSCHAFT

Alle Angestellten, Arbeiter sowie die Beschäftigten der Landwirtschaft sind automatisch über den Betrieb in einer Berufsgenossenschaft unfallversichert. Wenn der Verunglückte beruflich unterwegs war, entsteht den Hinterbliebenen hieraus ein Rentenanspruch.

Berufsgenossenschaft: ______________________________

Adresse: ______________________________

HINTERBLIEBENENRENTE

☐ Ja ☐ Nein

RENTENTRÄGER

Adresse: ______________________________

____

____

> Anderenfalls sind Ansprüche anzumelden bei dem Pensionssicherungsverein in Köln. <

II Persönliches

Berufsgenossenschaft

Alle Angestellten, Arbeiter sowie die Beschäftigten der Landwirtschaft sind automatisch über den Betrieb in einer Berufsgenossenschaft unfallversichert. Wenn der Verunglückte beruflich unterwegs war, entsteht den Hinterbliebenen hieraus ein Rentenanspruch.

Berufsgenossenschaft: ______________________________

Adresse: ______________________________

Hinterbliebenenrente

☐ Ja ☐ Nein

Rententräger

Adresse: ______________________________

____

____

> Anderenfalls sind Ansprüche anzumelden bei dem Pensionssicherungsverein in Köln. <

II Persönliches

Hinweise zur Rentenversicherung

Kaum etwas ist so unübersichtlich und kompliziert wie das Recht der Hinterbliebenenrenten: Grundsätzlich bestehen Ansprüche auf eine solche Rentenzahlung, wenn der Verstorbene die allgemeine Wartezeit/Pflichtbeitragszeit von fünf Jahren erfüllt hat bzw. diese als erfüllt gilt, wie etwa bei einem Arbeitsunfall.

—

Die Einkommenshöhe und die Anzahl der Beitragsjahre bestimmen dabei den Umfang des Rentenanspruchs.

—

Achtung:
Die Rente wird nur auf Antrag gezahlt!

—

Kinder haben grundsätzlich bis zum 18. Lebensjahr, bei Schul- oder Berufsausbildung bzw. bei Behinderung bis zum 27. Lebensjahr einen Anspruch auf die Waisenrente.

—

Nicht vergessen:
Viele Selbständige waren zu Beginn ihrer Berufszeit einige Jahre als Angestellte rentenversicherungspflichtig und haben in dieser Zeit Rentenansprüche erworben, die nun von den Hinterbliebenen geltend gemacht werden können.

II Persönliches

Rentenversicherungsanstalt

BfA – Berlin:

[Anschrift]

Versicherungsnehmer 1:

Versicherungs-Nr.:

Versicherungsnehmer 2:

Versicherungs-Nr.:

LVA:

[Anschrift]

Versicherungsnehmer 1:

Versicherungs-Nr.:

Versicherungsnehmer 2:

Versicherungs-Nr.:

Kontoauszüge liegen vor:

☐ Ja ☐ Nein

Beratungsstelle:

[Anschrift]

Versicherungsältester:

[Anschrift]

II Persönliches

Zusatzversicherung

☐ Ja ☐ Nein

Versorgungsanstalt des Bundes und der Länder (VBL)
76128 Karlsruhe

Versicherungsnehmer 1:

Versicherungs-Nr.:

Versicherungsnehmer 2:

Versicherungs-Nr.:

Sterbegeld

[bei Rentenversicherung, Krankenkassen, Betrieben, privater Sterbekasse]

Name der Gesellschaft:

[Anschrift]

Versicherungsnehmer 1:

Versicherungs-Nr.:

Versicherungssumme:

Versicherungsnehmer 2:

Versicherungs-Nr.:

Versicherungssumme:

II Persönliches

Lebensversicherung 1

Versicherungsnehmer:

Gesellschaft:
[Anschrift]

Versicherungs-Nr.:

Versicherungssumme:

Ablauf.

Agentur:
[Anschrift]

Sonstiges:
[zum Beispiel Abtretung]

Lebensversicherung 2

Versicherungsnehmer:

Gesellschaft:
[Anschrift]

Versicherungs-Nr.:

Versicherungssumme:

Ablauf:

Agentur:
[Anschrift]

Sonstiges:
[zum Beispiel Abtretung]

II Persönliches

Lebensversicherung 3

Versicherungsnehmer:

Gesellschaft:
[Anschrift]

Versicherungs-Nr.:

Versicherungssumme:

Ablauf:

Agentur:
[Anschrift]

Sonstiges:
[zum Beispiel Abtretung]

Lebensversicherung 4

Versicherungsnehmer:

Gesellschaft:
[Anschrift]

Versicherungs-Nr.:

Versicherungssumme:

Ablauf:

Agentur:
[Anschrift]

Sonstiges:
[zum Beispiel Abtretung]

II Persönliches

Lebensversicherung 5

Versicherungsnehmer:

Gesellschaft:
[Anschrift]

Versicherungs-Nr.:

Versicherungssumme:

Ablauf:

Agentur:
[Anschrift]

Sonstiges:
[zum Beispiel Abtretung]

Hinweise zu privaten Unfall- und Lebensversicherungen

Hat der Verunglückte eine private Unfall- und/oder Lebensversicherung, wird nun der für den Todesfall festgesetzte Betrag fällig. Hierfür ist die Schuldfrage grundsätzlich unerheblich. Eine Ausnahme kann es jedoch bei Trunkenheit oder Suizidverdacht geben. Auch in diesem Falle sollte im Zweifel vor der Schadensmeldung Rechtsrat beim Anwalt eingeholt werden.

Wichtig:
Im Laufe der Zeit können sich persönliche Umstände etwa durch Heirat, Scheidung, Trennung, neue Partnerschaften/Beziehungen oder Nachwuchs ändern und damit auch diejenigen, die bei Auszahlung einer Unfall- oder Lebensversicherung begünstigt werden sollen. Ohne die entsprechenden Korrekturen fällt das Geld unwiderruflich an die in der Versicherungspolice begünstigte[n] Person[en].

Wurde eine Risikolebensversicherung abgeschlossen, muss die Versicherung in der Regel innerhalb von drei Tagen nach dem Todesfall in Kenntnis gesetzt werden.

II Persönliches

Unfallversicherung 1

Versicherungsnehmer:

Gesellschaft:

[Anschrift]

Versicherungs-Nr.:

Versicherungssumme:

Ablauf:

Begünstigter:

[Name und Anschrift bitte eintragen]

Agentur:

[Anschrift]

Unfallversicherung 2

Versicherungsnehmer:

Gesellschaft:

[Anschrift]

Versicherungs-Nr.:

Versicherungssumme:

Ablauf:

Begünstigter:

[Name und Anschrift bitte eintragen]

Agentur:

[Anschrift]

Persönliche Notizen

Persönliche Notizen

II Persönliches

Rentenversicherung 1

Versicherungsnehmer:

Versicherungsträger:
[Anschrift]

Versicherungs-Nr.:

Versicherungssumme:
[Rentenanspruch]

Ablauf:

Agentur:
[Anschrift]

Sonstiges:
[zum Beispiel Abtretung]

Rentenversicherung 2

Versicherungsnehmer:

Versicherungsträger:
[Anschrift]

Versicherungs-Nr.:

Versicherungssumme:
[Rentenanspruch]

Ablauf:

Agentur:
[Anschrift]

Sonstiges:
[zum Beispiel Abtretung]

II Persönliches

Ausbildungsversicherung

Versicherungsnehmer:

Gesellschaft:
[Anschrift]

Versicherungs-Nr.:

Versicherungssumme:

Ablauf:

Begünstigter 1:
[Name und Anschrift bitte eintragen]

Begünstigter 2:
[Name und Anschrift bitte eintragen]

Begünstigter 3:
[Name und Anschrift bitte eintragen]

Agentur;
[Anschrift]

Sonstiges:
[zum Beispiel Abtretung]

Privat-Haftpflichtversicherung

Versicherungsnehmer:

Gesellschaft:
[Anschrift]

Versicherungs-Nr.:

Versicherungssumme:

Ablauf:

Agentur:
[Anschrift]

II Persönliches

Gebäudeversicherung

Versicherungsnehmer:

Gesellschaft:
[Anschrift]

Versicherungs-Nr.:

Versicherungssumme:

Ablauf:

Agentur:
[Anschrift]

Gebäude-Haftpflichtversicherung

Versicherungsnehmer:

Gesellschaft:
[Anschrift]

Versicherungs-Nr.:

Versicherungssumme:

Ablauf:

Agentur:
[Anschrift]

Krankenversicherung 1

Versicherungsnehmer:

Krankenkasse:
[Anschrift]

Versicherungs-Nr.:

II Persönliches

Krankenversicherung 2

Versicherungsnehmer:

Krankenkasse:
[Anschrift]

Versicherungs-Nr.:

Kranken-Zusatzversicherung 1

Versicherungsnehmer:

Gesellschaft:
[Anschrift]

Versicherungs-Nr.:

Tarife:

Ablauf:

Agentur:
[Anschrift]

Kranken-Zusatzversicherung 2

Versicherungsnehmer:

Gesellschaft:
[Anschrift:

Versicherungs-Nr.:

Tarife:

Ablauf:

Agentur:
[Anschrift]

II Persönliches

Hausratversicherung

Versicherungsnehmer:

Gesellschaft:
[Anschrift]

Versicherungs-Nr.:

Versicherungssumme:

Ablauf:

Agentur:
[Anschrift]

Hausgeräteversicherung

Versicherungsnehmer:

Gesellschaft:
[Anschrift]

Versicherungs-Nr.:

Versicherungssumme:

Ablauf:

Agentur:
[Anschrift]

Glasbruchversicherung

Versicherungsnehmer:

Gesellschaft:
[Anschrift]

Versicherungs-Nr.:

Versicherungssumme:

Ablauf:

Agentur:
[Anschrift]

Persönliche Notizen

II Persönliches

Rechtsschutzversicherung

Versicherungsnehmer:

Gesellschaft:
[Anschrift]

Versicherungs-Nr.:

Versicherungssumme:

Ablauf:

Agentur:
[Anschrift]

Anmerkung:

Bei einem Verkehrsunfall mit Todesfolge sollte die Schadensregulierung in jedem Fall mit Hilfe eines erfahrenen Rechtsanwaltes vorgenommen werden. Auch die Ansprüche gegenüber anderen Versicherungen (Unfall, Leben, Berufsgenossenschaft) lassen sich mit professioneller Hilfe besser durchsetzen.

Bei der Rechtsschutzversicherung sollte daher darauf geachtet werden, dass diese auch in solchen Angelegenheiten für die Belange des Partners eintritt. Erforderlichenfalls sollten Sie diesen Punkt mit der Versicherung nachverhandeln.

II Persönliches

Kraftfahrzeugversicherung

Versicherungsnehmer:

Gesellschaft:
[Anschrift]

Versicherungs-Nr.:

Versicherungssumme:

Ablauf:

Agentur:
[Anschrift]

Kraftfahrzeugversicherung

Versicherungsnehmer:

Gesellschaft:
[Anschrift]

Versicherungs-Nr.:

Versicherungssumme:

Ablauf:

Agentur:
[Anschrift]

Kraftfahrzeugversicherung

Versicherungsnehmer:

Gesellschaft:
[Anschrift]

Versicherungs-Nr.:

Versicherungssumme:

Ablauf:

Agentur:
[Anschrift]

II Persönliches

Hinweise zu den Kfz-Versicherungen

Wurde der Partner unschuldig in einen tödlichen Unfall verwickelt, muss die Haftpflichtversicherung des Gegners den gesamten Unfallschaden regulieren:

Kosten im Zusammenhang mit der Beerdigung, ggf. Schmerzensgeld für die Hinterbliebenen, die Erstattung des Sachschadens und schließlich auch die Anwalts-, Sachverständigen- und Gutachterkosten. Wenn der Verunglückte seine Familie als Alleinverdiener unterhalten hat, trifft möglicherweise die Haftpflichtversicherung des Gegners die Pflicht, für die Unterhaltskosten der Hinterbliebenen aufzukommen.

Diese Ansprüche sollten Sie in jedem Fall mit der Unterstützung Ihres Anwalts geltend machen!

Für den Fall, dass der Verunglückte ganz oder teilweise die Schuld am Unfall trägt, kommt seine eigene KfZ-Haftpflichtversicherung natürlich für den Fremdschaden auf. Hier gilt es, den Unfall unverzüglich der Haftpflichtversicherung des Gegners anzuzeigen.

Hat der Verunglückte eine Vollkaskoversicherung abgeschlossen, können die Hinterbliebenen die Sachschäden am eigenen Fahrzeug durch diese regulieren lassen.

II Persönliches

Weitere Versicherungen

Sparte:

Versicherungsnehmer:

Gesellschaft:
[Anschrift]

Versicherungs-Nr.:

Versicherungssumme:

Ablauf:

Agentur:
[Anschrift]

Weitere Versicherungen

Sparte:

Versicherungsnehmer:

Gesellschaft:
[Anschrift]

Versicherungs-Nr.:

Versicherungssumme:

Ablauf:

Agentur:
[Anschrift]

Weitere Versicherungen

Sparte:

Versicherungsnehmer:

Gesellschaft:
[Anschrift]

Versicherungs-Nr.:

II Persönliches

Versicherungssumme:

Ablauf:

Agentur:
[Anschrift]

Weitere Versicherungen

Sparte:

Versicherungsnehmer:

Gesellschaft:
[Anschrift]

Versicherungs-Nr.:

Versicherungssumme:

Ablauf:

Agentur:
[Anschrift]

Weitere Versicherungen

Sparte:

Versicherungsnehmer:

Gesellschaft:
[Anschrift]

Versicherungs-Nr.:

Versicherungssumme:

Ablauf:

Agentur:
[Anschrift]

II Persönliches

Weitere Versicherungen

Sparte:

Versicherungsnehmer:

Gesellschaft:
[Anschrift]

Versicherungs-Nr.:

Versicherungssumme:

Ablauf:

Agentur:
[Anschrift]

Weitere Versicherungen

Sparte:

Versicherungsnehmer:

Gesellschaft:
[Anschrift]

Versicherungs-Nr.:

Versicherungssumme:

Ablauf:

Agentur:
[Anschrift]

II Persönliches

Einkommenssituation

	Ehemann	Ehefrau
Arbeitsentgelt:		
Einkommen aus selbständiger Arbeit:		
Arbeitslosengeld:		
Arbeitslosenhilfe:		
Sozialhilfe:		
Kindergeld:		
Krankengeld:		
Pflegegeld:		
Unterhaltsansprüche:		
Rentenzahlungen:		

Befreiungen und Vergünstigungen

Wohngeld:

Telefongebühren:

Rundfunkgebühren:

Befreiung von Medikamentenzuzahlung:

Befreiung von Kontoführungsgebühren:

Freistellungsaufträge bei Geldinstituten:

II Persönliches

Finanzangelegenheiten

Meistens haben Ehepaare ein Gemeinschaftskonto eingerichtet oder sich gegenseitig Vollmachten über ihre jeweiligen Bankkonten erteilt. Sofern dies für Sie nicht zutrifft, sollten Sie rechtzeitig im Wege einer Verfügungsvollmacht festlegen, auf wen bei Unfall, im schweren Krankheitsfall oder im Todesfall das Bankkonto übertragen wird (Verfügung von Todes wegen). Ansonsten bleiben die Konten (u. U. monatelang) bis zur Vorlage des Erbscheins gesperrt. Lassen Sie sich hierbei von Ihrer Hausbank beraten.

In unseren Finanzangelegenheiten ist die Person unseres Vertrauens

Name: ______________________________

Firma: ______________________________

Adresse: ______________________________

Hinweis: ______________________________

Rechtsanwalt

Name: ______________________________

Adresse: ______________________________

Hinweis: ______________________________

Bank/Sparkasse

> Wichtig: Dies ist lediglich die Information über das Bestehen einer Bevollmächtigung.
Bitte wenden Sie sich an Ihre Bank/Sparkasse, damit das jeweilige Formular rechtsverbindlich unterschrieben wird. <

Zweigstelle: ______________________________
[Anschrift]

Girokonto-Nr.: ______________________________

Bankleitzahl: ______________________________

Kontoinhaber: ______________________________

Vollmacht erteilt:

Generelle Vollmacht: ☐ Ja ☐ Nein
Vollmacht nur für den Todesfall: ☐ Ja ☐ Nein
Kennwort vorhanden: ☐ Ja ☐ Nein

Bevollmächtigter: ______________________________
[Name und Adresse]

II Persönliches

Bank/Sparkasse

> Wichtig: Dies ist lediglich die Information über das Bestehen einer Bevollmächtigung.
Bitte wenden Sie sich an Ihre Bank/Sparkasse, damit das jeweilige Formular rechtsverbindlich unterschrieben wird. <

Zweigstele: ______________________________
[Anschrift]

Girokonto-Nr.: ______________________________

Bankleitzahl: ______________________________

Kontoinhaber: ______________________________

Vollmacht erteilt:

Generelle Vollmacht:	☐ Ja	☐ Nein
Vollmacht nur für den Todesfall:	☐ Ja	☐ Nein
Kennwort vorhanden:	☐ Ja	☐ Nein

Bevollmächtigter: ______________________________
[Name und Adresse]

Bank/Sparkasse

> Wichtig: Dies ist lediglich die Information über das Bestehen einer Bevollmächtigung.
Bitte wenden Sie sich an Ihre Bank/Sparkasse, damit das jeweilige Formular rechtsverbindlich unterschrieben wird. <

Zweigstelle: ______________________________
[Anschrift]

Girokonto-Nr.: ______________________________

Bankleitzahl: ______________________________

Kontoinhaber: ______________________________

Vollmacht erteilt:

Generelle Vollmacht:	☐ Ja	☐ Nein
Vollmacht nur für den Todesfall:	☐ Ja	☐ Nein
Kennwort vorhanden:	☐ Ja	☐ Nein

Bevollmächtigter: ______________________________
[Name und Adresse]

II Persönliches

Bankschliessfach bei

> Oft werden die wichtigsten persönlichen Unterlagen, Wertpapiere oder Schmuck im Bankschließfach aufbewahrt. Zugang dazu hat jeder, der über das Passwort oder die Geheimnummer und den Schlüssel verfügt, und zwar ohne Ansehen der Person. Die Bank kontrolliert nämlich darüber hinaus nicht, ob jemand berechtigterweise an das Schließfach geht. Deshalb sind Angaben zum Bankschließfach unbedingt vertraulich zu behandeln. Überlegen Sie sich genau, wem Sie sagen, wo sich der Schlüssel befindet und wie die Geheimnummer lautet. Der Zugang zu einem Schließfach wird gesperrt, sobald die Bank Kenntnis davon erlangt, dass der Inhaber verstorben ist.
Wichtig: Nachfolgend geben Sie lediglich die Information über das Bestehen einer Bevollmächtigung. Bitte wenden Sie sich an Ihre Bank/Sparkasse, damit das jeweilige Formular rechtsverbindlich unterschrieben wird. <

Kreditinstitut/Zweigstelle:

[Anschrift]

Depot-Nr.:

Konto-Nr.:

Bankleitzahl:

Inhaber:

Vollmacht erteilt:

Generelle Vollmacht: ☐ Ja ☐ Nein

Vollmacht nur für den Todesfall: ☐ Ja ☐ Nein

Kennwort vorhanden: ☐ Ja ☐ Nein

Bevollmächtigter:

Der Schlüssel befindet sich:

Bankschliessfach bei

> Wichtig: Dies ist lediglich die Information über das Bestehen einer Bevollmächtigung.
Bitte wenden Sie sich an Ihre Bank/Sparkasse, damit das jeweilige Formular rechtsverbindlich unterschrieben wird. <

Kreditinstitut/Zweigstelle:

[Anschrift]

Depot-Nr.:

Konto-Nr.:

Bankleitzahl:

Inhaber:

Vollmacht erteilt:

Generelle Vollmacht: ☐ Ja ☐ Nein

Vollmacht nur für den Todesfall: ☐ Ja ☐ Nein

Kennwort vorhanden: ☐ Ja ☐ Nein

Bevollmächtigter:

Der Schlüssel befindet sich:

II Persönliches

Sparbuch bei

> ***Wichtig:** Dies ist lediglich die Information über das Bestehen einer Bevollmächtigung.*
> ***Bitte wenden Sie sich an Ihre Bank/Sparkasse, damit das jeweilige Formular rechtsverbindlich unterschrieben wird.** <*

Kreditinstitut/Zweigstelle:

[Anschrift]

Konto-Nr.:

Sparbuch-Nr.:

Aufbewahrungsort des Sparbuchs:

Inhaber:

Vollmacht erteilt:

Generelle Vollmacht: ☐ Ja ☐ Nein

Vollmacht nur für den Todesfall: ☐ Ja ☐ Nein

Kennwort vorhanden: ☐ Ja ☐ Nein

Bevollmächtigter:

[Name und Adresse]

Sparbuch bei

> ***Wichtig:** Dies ist lediglich die Information über das Bestehen einer Bevollmächtigung.*
> ***Bitte wenden Sie sich an Ihre Bank/Sparkasse, damit das jeweilige Formular rechtsverbindlich unterschrieben wird.** <*

Kreditinstitut/Zweigstelle:

[Anschrift]

Konto-Nr.:

Sparbuch-Nr.:

Aufbewahrungsort des Sparbuchs:

Inhaber:

Vollmacht erteilt:

Generelle Vollmacht: ☐ Ja ☐ Nein

Vollmacht nur für den Todesfall: ☐ Ja ☐ Nein

Kennwort vorhanden: ☐ Ja ☐ Nein

Bevollmächtigter:

[Name und Adresse]

II Persönliches

Sparvertrag bei

***> Wichtig: Dies ist lediglich die Information über das Bestehen einer Bevollmächtigung.
Bitte wenden Sie sich an Ihre Bank/Sparkasse, damit das jeweilige Formular rechtsverbindlich unterschrieben wird. <***

Kreditinstitut/Zweigstelle:

[Anschrift]

Sparvertrags-Nr.:

Sparvertragssumme:

Fällig am:

Aufbewahrungsort des Sparvertrages:

Inhaber:

Vollmacht erteilt:

Generelle Vollmacht: ☐ Ja ☐ Nein

Vollmacht nur für den Todesfall: ☐ Ja ☐ Nein

Kennwort vorhanden: ☐ Ja ☐ Nein

Bevollmächtigter:

[Name und Adresse]

Sparvertrag bei

***> Wichtig: Dies ist lediglich die Information über das Bestehen einer Bevollmächtigung.
Bitte wenden Sie sich an Ihre Bank/Sparkasse, damit das jeweilige Formular rechtsverbindlich unterschrieben wird. <***

Kreditinstitut/Zweigstelle:

[Anschrift]

Sparvertrags-Nr.:

Sparvertragssumme:

Fällig am:

Aufbewahrungsort des Sparvertrages:

Inhaber:

Vollmacht erteilt:

Generelle Vollmacht: ☐ Ja ☐ Nein

Vollmacht nur für den Todesfall: ☐ Ja ☐ Nein

Kennwort vorhanden: ☐ Ja ☐ Nein

Bevollmächtigter:

[Name und Adresse]

II PERSÖNLICHES

SPARBRIEF BEI

> Wichtig: Dies ist lediglich die Information über das Bestehen einer Bevollmächtigung. Bitte wenden Sie sich an Ihre Bank/Sparkasse, damit das jeweilige Formular rechtsverbindlich unterschrieben wird. <

Kreditinstitut/Zweigstelle:

[Anschrift]

Sparbrief-Nr.:

Sparsumme:

Fällig am:

Aufbewahrungsort des Sparbriefes:

Inhaber:

Vollmacht erteilt:

Generelle Vollmacht: ☐ Ja ☐ Nein

Vollmacht nur für den Todesfall: ☐ Ja ☐ Nein

Kennwort vorhanden: ☐ Ja ☐ Nein

Bevollmächtigter:

[Name und Adresse]

SPARBRIEF BEI

> Wichtig: Dies ist lediglich die Information über das Bestehen einer Bevollmächtigung. Bitte wenden Sie sich an Ihre Bank/Sparkasse, damit das jeweilige Formular rechtsverbindlich unterschrieben wird. <

Kreditinstitut/Zweigstelle:

[Anschrift]

Sparbrief-Nr.:

Sparsumme:

Fällig am:

Aufbewahrungsort des Sparbriefes:

Inhaber:

Vollmacht erteilt:

Generelle Vollmacht: ☐ Ja ☐ Nein

Vollmacht nur für den Todesfall: ☐ Ja ☐ Nein

Kennwort vorhanden: ☐ Ja ☐ Nein

Bevollmächtigter:

[Name und Adresse]

II Persönliches

Sonstige Finanzanlagen

☐ Sonstige Konten ☐ Festgelder ☐ Sparkonten ☐ Sparpläne ☐ Depots bei

> Wichtig: Dies ist lediglich die Information über das Bestehen einer Bevollmächtigung. Bitte wenden Sie sich an Ihre Bank/Sparkasse, damit das jeweilige Formular rechtsverbindlich unterschrieben wird. <

Kreditinstitut/Zweigstelle:

Konto-Nr.:

Bankleitzahl:

Inhaber:

Auszahlung/Wert fällig am:

Aufbewahrungsort der Urkunde:

Vollmacht erteilt:

Generelle Vollmacht:	☐ Ja	☐ Nein
Vollmacht nur für den Todesfall:	☐ Ja	☐ Nein
Kennwort vorhanden:	☐ Ja	☐ Nein

Bevollmächtigter:

[Name und Adresse]

☐ Sonstige Konten ☐ Festgelder ☐ Sparkonten ☐ Sparpläne ☐ Depots bei

> Wichtig: Dies ist lediglich die Information über das Bestehen einer Bevollmächtigung. Bitte wenden Sie sich an Ihre Bank/Sparkasse, damit das jeweilige Formular rechtsverbindlich unterschrieben wird. <

Kreditinstitut/Zweigstelle:

Konto-Nr.:

Bankleitzahl:

Inhaber:

Auszahlung/Wert fällig am:

Aufbewahrungsort der Urkunde:

Vollmacht erteilt:

Generelle Vollmacht:	☐ Ja	☐ Nein
Vollmacht nur für den Todesfall:	☐ Ja	☐ Nein
Kennwort vorhanden:	☐ Ja	☐ Nein

Bevollmächtigter:

[Name und Adresse]

II Persönliches

☐ Sonstige Konten ☐ Festgelder ☐ Sparkonten ☐ Sparpläne ☐ Depots bei

***> Wichtig:* Dies ist lediglich die Information über das Bestehen einer Bevollmächtigung.**
Bitte wenden Sie sich an Ihre Bank/Sparkasse, damit das jeweilige Formular rechtsverbindlich unterschrieben wird. <

Kreditinstitut/Zweigstelle:

Konto-Nr.:

Bankleitzahl:

Inhaber:

Auszahlung/Wert fällig am:

Aufbewahrungsort der Urkunde:

Vollmacht erteilt:

Generelle Vollmacht: ☐ Ja ☐ Nein
Vollmacht nur für den Todesfall: ☐ Ja ☐ Nein
Kennwort vorhanden: ☐ Ja ☐ Nein

Bevollmächtigter:
[Name und Adresse]

☐ Sonstige Konten ☐ Festgelder ☐ Sparkonten ☐ Sparpläne ☐ Depots bei

***> Wichtig:* Dies ist lediglich die Information über das Bestehen einer Bevollmächtigung.**
Bitte wenden Sie sich an Ihre Bank/Sparkasse, damit das jeweilige Formular rechtsverbindlich unterschrieben wird. <

Kreditinstitut/Zweigstelle:

Konto-Nr.:

Bankleitzahl:

Inhaber:

Auszahlung/Wert fällig am:

Aufbewahrungsort der Urkunde:

Vollmacht erteilt:

Generelle Vollmacht: ☐ Ja ☐ Nein
Vollmacht nur für den Todesfall: ☐ Ja ☐ Nein
Kennwort vorhanden: ☐ Ja ☐ Nein

Bevollmächtigter:
[Name und Adresse]

II Persönliches

Daueraufträge erteilt an

Kreditinstitut	Empfänger	Verwendungszweck	Termin und Höhe

1.
2.
3.
4.
5.
6.
7.
8.
9.
10.

Lastschrifteinzüge erteilt an

Kreditinstitut	Empfänger	Verwendungszweck	Termin und Höhe

1.
2.
3.
4.
5.
6.
7.
8.

II Persönliches

Verbindlichkeiten bei Kreditinstituten

[zum Beispiel: Kontokorrentkredit, Hypothekendarlehen, Bürgschaften etc.]

	Kreditinstitut/ Ansprechpartner	Kontonummer	Verwendungszweck	Kreditart und Restschuld am
1.				
2.				
3.				
4.				
5.				
6.				

Verbindlichkeiten bei Privatpersonen

	Gläubiger/ Name und Anschrift	Kreditart	Verwendungszweck	Restschuld am
1.				
2.				
3.				
4.				
5.				

Verbindlichkeiten bei Firmen

	Gläubiger/ Name und Anschrift	lfd. Zahlung	Verwendungszweck	Restschuld am
1.				
2.				
3.				
4.				

II Persönliches

Bausparguthaben bei Kreditinstituten:

Beim Tod des Ehepartners hat der Hinterbliebene ein außerordentliches Kündigungsrecht. So kann die Ehefrau beispielsweise den auf den Namen des Ehemanns abgeschlossenen Vertrag kündigen und sich die gesamte angesparte Summe einschließlich Zinsen und Prämien auszahlen lassen.

Ist das Bauspardarlehen bereits ausgezahlt, aber noch nicht getilgt, springt in der Regel eine Risikolebensversicherung ein. Auch prämienbegünstigte Sparverträge sind auf diese Weise ohne Abzüge auflösbar.

	Bausparkasse/ Ansprechpartner	Bauspar-vertrags-Nr.	Guthaben	fällig am
1.				
2.				
3.				
4.				
5.				
6.				
7.				

Wertpapiere in Selbstverwaltung

[zum Beispiel: Aktien, Investment- oder Immobilienfonds]

	Bezeichnung/ evtl. Wertpapier-kenn-Nr.	Stückzahl/Aktien Nominalwert/ Anleihen	Aufbewahrungs-ort	Wert am
1.				
2.				
3.				
4.				
5.				
6.				
7.				

II Persönliches

Bundesschatzbriefe

[Depot Bank oder Bundesschuldenverwaltung, Postfach 12 45, 53002 Bonn]

	A/B	Wert	fällig	Aufbewahrungsort
1.				
2.				
3.				
4.				
5.				
6.				
7.				

Inhalt des Bankschliessfachs/Depots

[zum Beispiel: Verträge, Urkunden, Expertisen für Kunstgegenstände]

	Gegenstand	Wert	Aufbewahrungsort für den Schlüssel
1.			
2.			
3.			
4.			
5.			
6.			
7.			

Persönliche Notizen

II Persönliches

Verträge zugunsten Dritter

Kreditinstitut/ Ansprechpartner	Kontonummer	Bevollmächtigte Person/Anschrift
1.		
2.		
3.		
4.		
5.		

Vollmacht über den Tod hinaus/Generalvollmacht

> Wichtig: Dies ist lediglich die Information über das Bestehen einer Bevollmächtigung. Bitte wenden Sie sich an Ihre Bank/Sparkasse, damit das jeweilige Formular rechtsverbindlich unterschrieben wird. <

Folgende Person bevollmächtige(n) ich (wir), über nachfolgende Konten nach meinem (unserem) Tod zu verfügen:

Name und Anschrift des Bevollmächtigten	Ort und Datum	Unterschrift des Vollmachtgebers
1.		
2.		
3.		
4.		
5.		

Kreditinstitut/ Ansprechpartner	Kontonummer	Bankleitzahl
1.		
2.		
3.		
4.		
5.		

II Persönliches

Allgemeine Vertragsangelegenheiten

Abonnements

Titel:

Verlag:

Abonnement-Nr. Preis Zahlungstermin und Zahlungsart

Titel:

Verlag:

Abonnement-Nr. Preis Zahlungstermin und Zahlungsart

Titel:

Verlag:

Abonnement-Nr. Preis Zahlungstermin und Zahlungsart

Titel:

Verlag:

Abonnement-Nr. Preis Zahlungstermin und Zahlungsart

Fahrkarten:

☐ Bus ☐ U-Bahn ☐ S-Bahn
☐ Straßenbahn ☐ Car-Sharing

	Gesellschaft	Abonnement-Nr.	Preis	Zahlungstermin und -art
1.				
2.				
3.				
4.				

II Persönliches

Theater

Gesellschaft	Abonnement-Nr.	Preis	Zahlungstermin und Zahlungsart
1.			
2.			
3.			

Lotterien/Dauerlose

Gesellschaft	Abonnement-Nr.	Preis	Zahlungstermin und Zahlungsart
1.			
2.			
3.			

Fernseh-/Rundfunkgebühren

[GEZ: 50656 Köln]

Teilnehmer-Nr.: Zahlungstermin und Zahlungsart

Kabelanschluss: ☐ Ja ☐ Nein Teilnehmer-Nr.:

Ausgeliehen

Gegenstand	Bargeld: Wert	an wen mit Datum
1.		
2.		
3.		
4.		
5.		

II Persönliches

Bürgschaft übernommen

Für Projekt und für wen	Bürgschaftssumme	Fälligkeitsdatum
1.		
2.		
3.		

Forderungen an

Schuldner/ Name und Anschrift	Grund der Forderung/ Rechtsgrundlage	Forderungsbetrag und Fälligkeit
1.		
2.		
3.		
4.		
5.		

Gewerbliche Beteiligungen an

Zum Beispiel:
Einzelhandelsunternehmen, Gesellschafteranteile an OHG, KG, GmbH

Gesellschaft/ Name und Anschrift	Gesellschaftsvertrag mit Datum und Aufbewahrungsort	Höhe der Beteiligung
1.		
2.		
3.		
4.		
5.		

II Persönliches

Sonstige Wertgegenstände

Zum Beispiel:
Briefmarken-, Bücher-, Münz-, Schmuck-, Teppichsammlungen.

	Art der Sammlungen	Aufbewahrungsort	Wert
1.			
2.			
3.			
4.			
5.			
6.			
7.			
8.			

Mitgliedschaften in Vereinen und Verbänden

Zum Beispiel:
Automobilclub, Haus- und Grundbesitzerverein, Mieterverein, Partei, Sparclub, Tennisclub.

	Name/ Anschrift	Mitglieds- Nr.	seit	Beitragshöhe
1.				
2.				
3.				
4.				
5.				
6.				
7.				
8.				

Das Leben ist zu kostbar,
um es dem Schicksal
zu überlassen.

W. Moers

Leben

III Krankheitsfall

III Krankheitsfall

Hinweise zu den Patientenverfügungen

Mit diesen Verfügungen können Sie Entscheidungen für medizinische Behandlung und Pflege bei schwerster und aussichtsloser Erkrankung, insbesondere in der letzten Lebensphase treffen und eine Vorsorgevollmacht für den medizinischen Bereich erteilen. Eine rechtswirksame Patientenverfügung muss von den behandelnden Ärzten beachtet werden. Wichtig ist, dass sie in schriftlicher Form vorliegt. Die handschriftliche Form ist nicht zwingend vorgeschrieben, die eigenhändige Unterschrift jedoch notwendig.

—

Wir halten es für wichtig, dass diese eigenhändige Unterschrift in Abständen von ca. zwei Jahren erneuert und diese Unterschrift von mindestens einem Zeugen bestätigt wird. Dieser Zeuge muss bekunden, dass der Verfasser bei der Unterschrift unter die Patientenverfügung im Vollbesitz seiner geistigen Kräfte war. Eine notarielle Bestätigung ist nicht erforderlich.

—

In diesem Register haben wir zwei Patientenverfügungen mit unterschiedlichem Inhalt vorbereitet:

—

Mit der ersten Verfügung können Sie den Wunsch nach Behandlungseinschränkung bzw. -abbruch bei ungünstiger Behandlungsprognose ausdrücken; sofern Sie in einem solchen Fall jedoch wünschen, dass alle medizinischen Behandlungsmöglichkeiten zu Ihren Gunsten eingesetzt werden, sollten Sie die zweite Verfügung aufmerksam lesen und unterzeichnen.

Persönliche Notizen

III Krankheitsfall

Patientenverfügung

[Wunsch nach Behandlungsabbruch bei ungünstiger Prognose]

Sollte ich **(Vollmachtgeber)**

Vor- und Zuname: ______________________________

geboren am: ______________ in: ______________

wohnhaft in: ______________________________

aufgrund von Bewusstlosigkeit oder Bewusstseinstrübung durch Krankheit, Unfall oder sonstige Umstände vorübergehend oder dauerhaft nicht mehr in der Lage sein, meinen Willen zu äußern, bevollmächtige ich hiermit

(Bevollmächtigter)

Vor- und Zuname: ______________________________

geboren am: ______________ in: ______________

wohnhaft in: ______________________________

mich in allen medizinischen Angelegenheiten zu vertreten.

Mein Bevollmächtigter darf in sämtliche Maßnahmen zur Diagnose und Behandlung einer Krankheit einwilligen, die Einwilligung hierzu verweigern oder zurücknehmen, Krankenunterlagen einsehen und in deren Herausgabe an Dritte einwilligen. Zu diesem Zweck entbinde ich die mich behandelnden Ärzte und deren nichtärztliche Mitarbeiter gegenüber meinem Bevollmächtigten von der Schweigepflicht.
Die Entscheidungen meines Bevollmächtigten sind für die behandelnden Ärzte verbindlich.
Diese Vollmacht ist jederzeit ohne besondere Form widerruflich.

Sofern ich außerstande bin, meinen Willen zu äußern und der benannte Bevollmächtigte verhindert ist, verfüge ich, nachdem ich mich über die medizinische Situation und die rechtliche Beurteilung eines Aufklärungsverzichts eingehend informiert habe:
Die Anwendung lebensverlängernder Maßnahmen, insbesondere von Operationen, künstlicher Beatmung und Ernährung einschließlich der Magensonde und Aufrechterhaltung der Gehirntätigkeit, soll unterbleiben, wenn **zwei Ärzte** unabhängig voneinander festgestellt haben,

> Bitte Gewünschtes ankreuzen und Ungewünschtes streichen <

- ☐ dass ich mich unabwendbar im unmittelbaren Sterbeprozess befinde, bei dem jede lebenserhaltende Therapie das Sterben oder das Leiden ohne Aussicht auf Besserung verlängern würde, oder
- ☐ dass ich ohne Aussicht auf Wiedererlangung des Bewusstseins in einem Koma liege, oder
- ☐ dass mit hoher Wahrscheinlichkeit eine Dauerschädigung des Gehirns eintritt, oder
- ☐ dass es zu einem nicht behandelbaren, dauernden Ausfall lebenswichtiger Funktionen meines Körpers kommt.

III Krankheitsfall

Behandlung und Pflege sollen in diesen Fällen auf die Linderung von Schmerzen, Unruhe und Angst gerichtet sein, selbst wenn durch die notwendige Schmerzbehandlung eine Lebensverkürzung nicht auszuschließen ist. Ich möchte in Würde und Frieden sterben können, nach Möglichkeit in meiner vertrauten Umgebung.

☐ Ich wünsche mir seelsorgerische Begleitung durch

Name:

Adresse: Tel.-Nr.:

☐ Bitte verständigen Sie

Name:

Adresse: Tel.-Nr.:

um mir persönlichen Beistand zu leisten.

> Die in dieser Verfügung getroffenen Entscheidungen erfolgten nach eingehender und reiflicher Überlegung und stellen meine generelle ethische Grundeinstellung zu Fragen eines Behandlungsabbruchs dar. In einer konkreten Situation, in der über einen Abbruch der an mir vorgenommenen Heilmaßnahmen zu entscheiden ist, bitte ich meine behandelnden Ärzte, diese Patientenverfügung als verbindlich anzunehmen und entsprechend meinem Willen zu verfahren. Eine andere Entscheidung als die hier zum Ausdruck gebrachte kommt für mich nicht in Frage. <

Wichtig:
Sollte aufgrund wechselnder Gesetze diese Entscheidung von einem Gericht getroffen werden müssen, so beauftrage ich den Bevollmächtigten, die Zustimmung des Gerichtes auch mit Hilfe eines Rechtsanwaltes zu erlangen.

Ich/Wir bestätige(n), dass Frau/Herr

diese Verfügung im Vollbesitz ihrer/seiner geistigen Kräfte verfasst hat und geschäftsfähig war.

Name:

Geburtsdatum: Anschrift:

Ort, Datum:

Unterschrift der Zeugen:

Ort und Datum:

Unterschrift des Vollmachtgebers Unterschrift des Bevollmächtigten

Ort und Datum:

Unterschrift des Vollmachtgebers
[für spätere Bestätigung]

Ort und Datum:

Unterschrift des Vollmachtgebers
[für spätere Bestätigung]

III Krankheitsfall

Patientenverfügung des Partners

[Wunsch nach Behandlungsabbruch bei ungünstiger Prognose]

Sollte ich **(Vollmachtgeber)**

Vor- und Zuname:

geboren am: in:

wohnhaft in:

aufgrund von Bewusstlosigkeit oder Bewusstseinstrübung durch Krankheit, Unfall oder sonstige Umstände vorübergehend oder dauerhaft nicht mehr in der Lage sein, meinen Willen zu äußern, bevollmächtige ich hiermit

(Bevollmächtigter)

Vor- und Zuname:

geboren am: in:

wohnhaft in:

mich in allen medizinischen Angelegenheiten zu vertreten.

Mein Bevollmächtigter darf in sämtliche Maßnahmen zur Diagnose und Behandlung einer Krankheit einwilligen, die Einwilligung hierzu verweigern oder zurücknehmen, Krankenunterlagen einsehen und in deren Herausgabe an Dritte einwilligen. Zu diesem Zweck entbinde ich die mich behandelnden Ärzte und deren nichtärztliche Mitarbeiter gegenüber meinem Bevollmächtigten von der Schweigepflicht.
Die Entscheidungen meines Bevollmächtigten sind für die behandelnden Ärzte verbindlich.
Diese Vollmacht ist jederzeit ohne besondere Form widerruflich.

Sofern ich außerstande bin, meinen Willen zu äußern und der benannte Bevollmächtigte verhindert ist, verfüge ich, nachdem ich mich über die medizinische Situation und die rechtliche Beurteilung eines Aufklärungsverzichts eingehend informiert habe:
Die Anwendung lebensverlängernder Maßnahmen, insbesondere von Operationen, künstlicher Beatmung und Ernährung einschließlich der Magensonde und Aufrechterhaltung der Gehirntätigkeit, soll unterbleiben, wenn **zwei Ärzte** unabhängig voneinander festgestellt haben,

> Bitte Gewünschtes ankreuzen und Ungewünschtes streichen. <

- ☐ dass ich mich unabwendbar im unmittelbaren Sterbeprozess befinde, bei dem jede lebenserhaltende Therapie das Sterben oder das Leiden ohne Aussicht auf Besserung verlängern würde, oder
- ☐ dass ich ohne Aussicht auf Wiedererlangung des Bewusstseins in einem Koma liege, oder
- ☐ dass mit hoher Wahrscheinlichkeit eine Dauerschädigung des Gehirns eintritt, oder
- ☐ dass es zu einem nicht behandelbaren, dauernden Ausfall lebenswichtiger Funktionen meines Körpers kommt.

III Krankheitsfall

Behandlung und Pflege sollen in diesen Fällen auf die Linderung von Schmerzen, Unruhe und Angst gerichtet sein, selbst wenn durch die notwendige Schmerzbehandlung eine Lebensverkürzung nicht auszuschließen ist. Ich möchte in Würde und Frieden sterben können, nach Möglichkeit in meiner vertrauten Umgebung.

☐ Ich wünsche mir seelsorgerische Begleitung durch

Name:

Adresse: Tel.-Nr.:

☐ Bitte verständigen Sie

Name:

Adresse: Tel.-Nr.:

um mir persönlichen Beistand zu leisten.

> Die in dieser Verfügung getroffenen Entscheidungen erfolgten nach eingehender und reiflicher Überlegung und stellen meine generelle ethische Grundeinstellung zu Fragen eines Behandlungsabbruchs dar. In einer konkreten Situation, in der über einen Abbruch der an mir vorgenommenen Heilmaßnahmen zu entscheiden ist, bitte ich meine behandelnden Ärzte, diese Patientenverfügung als verbindlich anzunehmen und entsprechend meinem Willen zu verfahren. Eine andere Entscheidung als die hier zum Ausdruck gebrachte kommt für mich nicht in Frage. <

Wichtig:
Sollte aufgrund wechselnder Gesetze diese Entscheidung von einem Gericht getroffen werden müssen, so beauftrage ich den Bevollmächtigten, die Zustimmung des Gerichtes auch mit Hilfe eines Rechtsanwaltes zu erlangen.

Ich/Wir bestätige(n), dass Frau/Herr

diese Verfügung im Vollbesitz ihrer/seiner geistigen Kräfte verfasst hat und geschäftsfähig war.

Name:

Geburtsdatum: Anschrift:

Ort, Datum:

Unterschrift der Zeugen:

Ort und Datum:

Unterschrift des Vollmachtgebers Unterschrift des Bevollmächtigten

Ort und Datum:

Unterschrift des Vollmachtgebers
[für spätere Bestätigung]

Ort und Datum:

Unterschrift des Vollmachtgebers
[für spätere Bestätigung]

III KRANKHEITSFALL

PATIENTENVERFÜGUNG

[Wunsch nach Maximalbehandlung bei ungünstiger Prognose]

Sollte ich **(Vollmachtgeber)**

Vor- und Zuname: ______________________________

geboren am: ______________ in: ______________

wohnhaft in: ______________________________

aufgrund von Bewusstlosigkeit oder Bewusstseinstrübung durch Krankheit, Unfall oder sonstige Umstände vorübergehend oder dauerhaft nicht mehr in der Lage sein, meinen Willen zu äußern, bevollmächtige ich hiermit

(Bevollmächtigter)

Vor- und Zuname: ______________________________

geboren am: ______________ in: ______________

wohnhaft in: ______________________________

mich in allen medizinischen Angelegenheiten zu vertreten.

—

Mein Bevollmächtigter darf in sämtliche Maßnahmen zur Diagnose und Behandlung einer Krankheit einwilligen, die Einwilligung hierzu verweigern oder zurücknehmen, Krankenunterlagen einsehen und in deren Herausgabe an Dritte einwilligen. Zu diesem Zweck entbinde ich die mich behandelnden Ärzte und deren nichtärztliche Mitarbeiter gegenüber meinem Bevollmächtigten von der Schweigepflicht.
Die Entscheidungen meines Bevollmächtigten sind für die behandelnden Ärzte verbindlich.
Diese Vollmacht ist jederzeit ohne besondere Form widerruflich.

—

Sofern ich außerstande bin, meinen Willen zu äußern und der benannte Bevollmächtigte verhindert ist, verfüge ich, nachdem ich mich über die medizinische Situation und die rechtliche Beurteilung eines Aufklärungsverzichts eingehend informiert habe:
In der Hoffnung und im Vertrauen auf den medizinischen Fortschritt und die damit verbundene Hoffnung auf zukünftige Heilung derzeit unheilbar erscheinender Krankheiten und Verletzungen wünsche ich in jedem Stadium einer möglichen Erkrankung oder Verletzung, auch bei einer infausten (medizinisch aussichtslosen) Prognose, oder einem bereits eingetretenen Sterbevorgang, dass mir eine optimale medizinische Maximalbehandlung gewährt wird.

Ort, Datum: ______________________________

Unterschrift: ______________________________

Persönliche Notizen

III Krankheitsfall

Patientenverfügung des Partners

[Wunsch nach Maximalbehandlung bei ungünstiger Prognose]

Sollte ich **(Vollmachtgeber)**

Vor- und Zuname:

geboren am: in:

wohnhaft in:

aufgrund von Bewusstlosigkeit oder Bewusstseinstrübung durch Krankheit, Unfall oder sonstige Umstände vorübergehend oder dauerhaft nicht mehr in der Lage sein, meinen Willen zu äußern, bevollmächtige ich hiermit

(Bevollmächtigter)

Vor- und Zuname:

geboren am: in:

wohnhaft in:

mich in allen medizinischen Angelegenheiten zu vertreten.

Mein Bevollmächtigter darf in sämtliche Maßnahmen zur Diagnose und Behandlung einer Krankheit einwilligen, die Einwilligung hierzu verweigern oder zurücknehmen, Krankenunterlagen einsehen und in deren Herausgabe an Dritte einwilligen. Zu diesem Zweck entbinde ich die mich behandelnden Ärzte und deren nichtärztliche Mitarbeiter gegenüber meinem Bevollmächtigten von der Schweigepflicht.
Die Entscheidungen meines Bevollmächtigten sind für die behandelnden Ärzte verbindlich.
Diese Vollmacht ist jederzeit ohne besondere Form widerruflich.

Sofern ich außerstande bin, meinen Willen zu äußern und der benannte Bevollmächtigte verhindert ist, verfüge ich, nachdem ich mich über die medizinische Situation und die rechtliche Beurteilung eines Aufklärungsverzichts eingehend informiert habe:
In der Hoffnung und im Vertrauen auf den medizinischen Fortschritt und die damit verbundene Hoffnung auf zukünftige Heilung derzeit unheilbar erscheinender Krankheiten und Verletzungen wünsche ich in jedem Stadium einer möglichen Erkrankung oder Verletzung, auch bei einer infausten (medizinisch aussichtslosen) Prognose, oder einem bereits eingetretenen Sterbevorgang, dass mir eine optimale medizinische Maximalbehandlung gewährt wird.

Ort, Datum:

Unterschrift:

Persönliche Notizen

III Krankheitsfall

Hinweise zur Betreuungsverfügung

Diese Verfügung leitet sich aus § 1901a BGB ab. Danach muss das Vormundschaftsgericht die benannte Person bestellen und bei schwerwiegenden Maßnahmen wie z. B. Behandlungsabbruch die notwendige Genehmigung erteilen.

In der Betreuungsverfügung wird eine Person des eigenen Vertrauens benannt für den Fall, dass das Vormundschaftsgericht wegen eigener Entscheidungsunfähigkeit des Verfügenden einen Betreuer [früher Pfleger genannt] einsetzt.

Die schriftliche Form, nicht zwingend handschriftlich, ist erforderlich sowie die eigenhändige Unterschrift, die in Abständen von ca. zwei Jahren erneuert werden sollte, damit Außenstehende den zeitnahen Willen erkennen können. Ebenfalls sollte alle zwei Jahre ein Zeuge bestätigen, dass der Verfasser bei seiner Unterschrift im Vollbesitz seiner geistigen Kräfte war. Es ist aber ratsam, nicht die als Betreuer benannte Person als Zeugen zu nennen. Eine notarielle Bestätigung dieser Urkunde ist nicht erforderlich.

Persönliche Notizen

III Krankheitsfall

Betreuungsverfügung

[Dient auch zur Vorlage beim Vormundschaftsgericht]

Ich **(Vollmachtgeber)**

Vor- und Zuname:

geborem am: in:

wohnhaft in:

schlage für den Fall, dass für mich ein gesetzlicher Betreuer bestellt werden muss, gemäß § 1897 BGB hierfür die folgende Person als Betreuer für alle erforderlichen Angelegenheiten vor:

Frau/Herrn: geb. am

wohnhaft: Telefon:

Falls die vorbezeichnete Person nicht übernehmen will oder kann, schlage ich als Ersatzperson die folgende Person vor:

Frau/Herrn: geb. am

wohnhaft: Telefon:

Auf keinen Fall wünsche ich, dass die folgende Person zum Betreuer bestellt wird:

Frau/Herrn: geb. am

wohnhaft: Telefon:

Die in meiner Patientenverfügung vom __________ geäußerten Wünsche sind von meinem Betreuer zu befolgen. Insbesondere obliegt es meinem Betreuer auch, die in meiner Patientenverfügung von mir niedergelegten Wünsche gegenüber Ärzten und Pflegepersonal, aber ggf. auch gegenüber dem Vormundschaftsgericht durchzusetzen.

Ort, Datum:

Unterschrift:

Ich/Wir bestätige(n), dass Frau/Herr:

diese Verfügung im Vollbesitz ihrer/seiner geistigen Kräfte verfasst hat und geschäftsfähig war.

Name:

Geburtsdatum: Anschrift:

Ort, Datum:

[Unterschrift der Zeugen]

Persönliche Notizen

III Krankheitsfall

Betreuungsverfügung des Partners

[Dient auch zur Vorlage beim Vormundschaftsgericht]

Ich **(Vollmachtgeber)**

Vor- und Zuname:

geboren am: in:

wohnhaft in:

schlage für den Fall, dass für mich ein gesetzlicher Betreuer bestellt werden muss, gemäß § 1897 BGB hierfür die folgende Person als Betreuer für alle erforderlichen Angelegenheiten vor:

Frau/Herrn: geb. am

wohnhaft: Telefon:

Falls die vorbezeichnete Person nicht übernehmen will oder kann, schlage ich als Ersatzperson die folgende Person vor:

Frau/Herrn: geb. am

wohnhaft: Telefon:

Auf keinen Fall wünsche ich, dass die folgende Person zum Betreuer bestellt wird:

Frau/Herrn: geb. am

wohnhaft: Telefon:

Die in meiner Patientenverfügung vom __________ geäußerten Wünsche sind von meinem Betreuer zu befolgen. Insbesondere obliegt es meinem Betreuer auch, die in meiner Patientenverfügung von mir niedergelegten Wünsche gegenüber Ärzten und Pflegepersonal, aber ggf. auch gegenüber dem Vormundschaftsgericht durchzusetzen. Diese Verfügung habe ich [Vollmachtgeber] freiwillig und im Vollbesitz meiner geistigen Kräfte verfasst.

Ort, Datum:

Unterschrift:

Ich/Wir bestätige(n), dass Frau/Herr:

diese Verfügung im Vollbesitz ihrer/seiner geistigen Kräfte verfasst hat und geschäftsfähig war.

Name:

Geburtsdatum: Anschrift:

Ort, Datum:

[Unterschrift der Zeugen]

Persönliche Notizen

III Krankheitsfall

Hinweise bezüglich der Vorsorgevollmacht

Diese Verfügung leitet sich aus § 1896 Abs. 2 Satz 2 BGB ab und bevollmächtigt die benannte Person Ihres Vertrauens im Falle eigener Entscheidungs- und Handlungsunfähigkeit für den Vollmachtserteilenden rechtswirksam zu handeln. Die Mitwirkung des Vormundschaftsgerichtes entfällt dabei in der Regel.

—

Die Vorsorgevollmacht ergänzt die Patientenverfügung in wirtschaftlicher Hinsicht.

—

Die schriftliche Form, nicht zwingend die handschriftliche, ist erforderlich. Die eigenhändige Unterschrift sollte in Abständen von ca. zwei Jahren erneuert werden, damit der zeitnahe Wille für Außenstehende erkennbar ist. Die Unterschrift des Vollmachtgebers sollte dabei von einem Zeugen bestätigt werden, der bekundet, dass der Verfasser bei seiner Unterschrift im Vollbesitz seiner geistigen Kräfte war.

—

Es wird angeraten, die bevollmächtigte Person nicht als Zeugen zu nehmen. Die notarielle Bestätigung ist gesetzlich nicht vorgeschrieben. Wir raten jedoch an, diese Unterschrift notariell beglaubigen zu lassen, damit auch Banken und Behörden daran gebunden sind.

III Krankheitsfall

Vorsorgevollmacht

Name:

Geburtsdatum:

Wohnort:

Für den Fall, dass ich vorübergehend oder dauerhaft nicht in der Lage sein sollte, meine Angelegenheiten selbst zu regeln und meinen Willen zu äußern, bevollmächtige ich über meinen Tod hinaus gemäß §§ 1896 Abs. 2, 164 ff. BGB

Frau/Herrn: geb. am

wohnhaft: Telefon:

ersatzweise

Frau/Herrn: geb. am

wohnhaft: Telefon:

Die Feststellung, dass ich wegen meiner körperlichen oder geistigen Verfassung außerstande bin, meine Angelegenheiten selbst zu regeln und meinen Willen zu äußern, muss in jedem Falle von einem Arzt getroffen werden.

Umfang der Vollmacht

Die Vollmacht erstreckt sich auf alle Vermögens-, Renten-, Kranken-, Pflegeversicherungs-, Sozialhilfe-, Steuer- und sonstigen Rechtsangelegenheiten in jeder denkbaren Richtung. Sie berechtigt und verpflichtet meinen Bevollmächtigten, meinem Willen entsprechend zu handeln, wie er in dieser Vollmacht zum Ausdruck kommt. Die Vollmacht umfasst insbesondere folgende Befugnisse.

- Vermögenserwerbungen und -veräußerungen sowie Belastungen jeder Art für den Vollmachtgeber vorzunehmen und Verbindlichkeiten beliebiger Art und Höhe für mich – auch in vollstreckbarer Form – einzugehen;
- Vermögenswerte beliebiger Art, namentlich Geld, Sachen, Wertpapiere und Schriftstücke für mich in Empfang zu nehmen;
- über meine vorhandenen Konten bei Banken beliebig zu verfügen;
- Verträge sonstiger Art unter beliebigen Bestimmungen abzuschließen, Vergleiche einzugehen, Verzichte zu erklären und Nachlässe zu bewilligen;
- mich als Erben, Pflichtteilsberechtigten, Vermächtnisnehmer, Schenker oder Beschenkten in jeder Weise, namentlich auch bei Vermögens- und Gemeinschaftsauseinandersetzungen jeder Art, zu vertreten und auch Ausschlagungserklärungen für mich abzugeben;
- meine Versorgungsangelegenheiten [Pension, Rente usw.] zu regeln;
- Prozesse für mich als Kläger oder Beklagter zu führen und hierbei die Rechte eines Prozessbevollmächtigten im vollen Umfange des § 81 ZPO auszuüben, mich in allen gerichtlichen und außergerichtlichen Verfahren als Gläubiger oder Schuldner, Kläger oder Beklagten oder in jeder sonstwie in Frage kommenden Eigenschaft ohne jede Einschränkung zu vertreten;

III Krankheitsfall

- zu allen Verfahrenshandlungen, auch i. S. v. § 13 SGB X;
- den Haushalt aufzulösen und über das Inventar zu verfügen;
- Vereinbarungen mit Kliniken, Alters- und Pflegeheimen abzuschließen und zum Zwecke hierfür Sicherungshypotheken auch für den Sozialhilfeträger zu bestellen;
- den Vollmachtgeber gegenüber Gerichten zu vertreten sowie Prozesshandlungen aller Art vorzunehmen.

Bei nachfolgendem Todesfall

- über Art und Umfang der Beerdigung zu entscheiden und Sterbegelder in Empfang zu nehmen und darüber zu quittieren;
- den Nachlass bis zur amtlichen Feststellung der Erben in Besitz zu nehmen und zu verwalten;

Die Vollmacht wird mit der Unterzeichnung durch mich wirksam und gilt nach außen uneingeschränkt.

Im Innenverhältnis wird der Bevollmächtigte jedoch angewiesen, die Vollmacht nur nach meiner vorherigen Weisung zu gebrauchen.

Die Vollmacht ist nur wirksam, soweit und solange der Bevollmächtigte bei einer Vornahme einer jeden Vertreterhandlung im unmittelbaren Besitz der Vollmachtsurkunde ist.
Der Bevollmächtigte kann diese Vollmacht ganz oder teilweise auf andere übertragen und eine solche Übertragung widerrufen.

Widerruf der Vollmacht

Ich behalte mir vor, diese Vollmacht jederzeit zu widerrufen.

Wichtig: Sollte aufgrund wechselnder Gesetze diese Entscheidung von einem Gericht getroffen werden müssen, so beauftrage ich den Bevollmächtigten, die Zustimmung des Gerichtes auch mit Hilfe eines Rechtsanwaltes zu erlangen.

Datum, Unterschrift der Vollmachtgeberin/des Vollmachtgebers:

____

[für spätere Bestätigung]

____

[für spätere Bestätigung]

Ich/Wir bestätige(n), dass Frau/Herr:

diese Verfügung im Vollbesitz ihrer/seiner geistigen Kräfte verfasst hat und geschäftsfähig war.

Name:

Geburtsdatum: Anschrift:

Ort, Datum:

[Unterschrift des Zeugen]

III KRANKHEITSFALL

VORSORGEVOLLMACHT DES PARTNERS

Name:

Geburtsdatum:

Wohnort:

Für den Fall, dass ich vorübergehend oder dauerhaft nicht in der Lage sein sollte, meine Angelegenheiten selbst zu regeln und meinen Willen zu äußern, bevollmächtige ich über meinen Tod hinaus gemäß §§ 1896 Abs. 2, 164 ff. BGB

Frau/Herrn: geb. am

wohnhaft: Telefon:

ersatzweise

Frau/Herrn: geb. am

wohnhaft: Telefon:

Die Feststellung, dass ich wegen meiner körperlichen oder geistigen Verfassung außerstande bin, meine Angelegenheiten selbst zu regeln und meinen Willen zu äußern, muss in jedem Falle von einem Arzt getroffen werden.

UMFANG DER VOLLMACHT

Die Vollmacht erstreckt sich auf alle Vermögens-, Renten-, Kranken-, Pflegeversicherungs-, Sozialhilfe-, Steuer- und sonstigen Rechtsangelegenheiten in jeder denkbaren Richtung. Sie berechtigt und verpflichtet meinen Bevollmächtigten, im Bereich der medizinischen Behandlung und der Pflege meinem Willen entsprechend zu handeln, wie er in dieser Vollmacht zum Ausdruck kommt.
Die Vollmacht umfasst insbesondere folgende Inhalte:

- Vermögenserwerbungen und -veräußerungen sowie Belastungen jeder Art für den Vollmachtgeber vorzunehmen und Verbindlichkeiten beliebiger Art und Höhe für mich – auch in vollstreckbarer Form – einzugehen;
- Vermögenswerte beliebiger Art, namentlich Geld, Sachen, Wertpapiere und Schriftstücke für mich in Empfang zu nehmen;
- über meine vorhandenen Konten bei Banken beliebig zu verfügen;
- Verträge sonstiger Art unter beliebigen Bestimmungen abzuschließen, Vergleiche einzugehen, Verzichte zu erklären und Nachlässe zu bewilligen;
- mich als Erben, Pflichtteilsberechtigten, Vermächtnisnehmer, Schenker oder Beschenkten in jeder Weise, namentlich auch bei Vermögens- und Gemeinschaftsauseinandersetzungen jeder Art, zu vertreten und auch Ausschlagungserklärungen für mich abzugeben;
- meine Versorgungsangelegenheiten [Pension, Rente usw.] zu regeln;
- Prozesse für mich als Kläger oder Beklagter zu führen und hierbei die Rechte eines Prozessbevollmächtigten im vollen Umfange des § 81 ZPO auszuüben, mich in allen gerichtlichen und außergerichtlichen Verfahren als Gläubiger oder Schuldner, Kläger oder Beklagten oder in jeder sonstwie in Frage kommenden Eigenschaft ohne jede Einschränkung zu vertreten;

III Krankheitsfall

- zu allen Verfahrenshandlungen, auch i. S. v. § 13 SGB X;
- den Haushalt aufzulösen und über das Inventar zu verfügen;
- Vereinbarungen mit Kliniken, Alters- und Pflegeheimen abzuschließen und zum Zwecke hierfür Sicherungshypotheken auch für den Sozialhilfeträger zu bestellen;
- den Vollmachtgeber gegenüber Gerichten zu vertreten sowie Prozesshandlungen aller Art vorzunehmen.

Bei nachfolgendem Todesfall

- über Art und Umfang der Beerdigung zu entscheiden und Sterbegelder in Empfang zu nehmen und darüber zu quittieren;
- den Nachlass bis zur amtlichen Feststellung der Erben in Besitz zu nehmen und zu verwalten;

Die Vollmacht wird mit der Unterzeichnung durch mich wirksam und gilt nach außen uneingeschränkt.

Im Innenverhältnis wird der Bevollmächtigte jedoch angewiesen, die Vollmacht nur nach meiner vorherigen Weisung zu gebrauchen.

Die Vollmacht ist nur wirksam, soweit und solange der Bevollmächtigte bei einer Vornahme einer jeden Vertreterhandlung im unmittelbaren Besitz der Vollmachtsurkunde ist.
Der Bevollmächtigte kann diese Vollmacht ganz oder teilweise auf andere übertragen und eine solche Übertragung widerrufen.

Widerruf der Vollmacht

Ich behalte mir vor, diese Vollmacht jederzeit zu widerrufen.

Wichtig: Sollte aufgrund wechselnder Gesetze diese Entscheidung von einem Gericht getroffen werden müssen, so beauftrage ich den Bevollmächtigten, die Zustimmung des Gerichtes auch mit Hilfe eines Rechtsanwaltes zu erlangen.

Datum, Unterschrift der Vollmachtgeberin/des Vollmachtgebers:

____

[für spätere Bestätigung]

____

[für spätere Bestätigung]

Ich/Wir bestätige(n), dass Frau/Herr: ______________________________

diese Verfügung im Vollbesitz ihrer/seiner geistigen Kräfte verfasst hat und geschäftsfähig war.

Name: ______________________________

Geburtsdatum: Anschrift: ______________________________

Ort, Datum: ______________________________

[Unterschrift des Zeugen]

Persönliche Notizen

III Krankheitsfall

Befreiung von der ärztlichen Schweigepflicht

Hinweis

Ein Jugendlicher kann ab vollendetem 16. Lebensjahr Ärzte von der Schweigepflicht gegenüber benannten Personen entbinden, da der Jugendliche ab diesem Zeitpunkt testierfähig ist.

Hiermit entbinde ich

Name, Anschrift

die mich behandelnden Ärzte von ihrer ärztlichen Schweigepflicht und bitte sie sowie die betreffenden Institutionen, nachfolgenden Personen Informationen über meinen Gesundheitszustand bzw. Krankheitsstand zu geben und auf Wunsch Einblick in die Krankenakten zu gewähren.

Name, Anschrift

Name, Anschrift

Name, Anschrift

Ort und Datum Unterschrift

Partner

Hiermit entbinde ich

Name, Anschrift

die mich behandelnden Ärzte von ihrer ärztlichen Schweigepflicht und bitte sie sowie die betreffenden Institutionen, nachfolgenden Personen Informationen über meinen Gesundheitszustand bzw. Krankheitsstand zu geben und auf Wunsch Einblick in die Krankenakten zu gewähren.

Name, Anschrift

Name, Anschrift

Name, Anschrift

Ort und Datum Unterschrift

III Krankheitsfall

Post- und Zustellungsvollmacht mit Hinweisen

Die Deutsche Post hat die Postvollmachten vereinfacht, damit der Postkunde weniger Aufwand und mehr Flexibilität beim sicheren Postempfang hat. Das bisherige Postvollmachten-Verfahren wurde deshalb abgeändert. Ohne viel Aufwand kann jetzt jeder Ihre Post in Empfang nehmen, den Sie dazu bevollmächtigen.

—

Postvollmachten sind in Zukunft nichts Besonderes mehr. So entfällt das bisher übliche formelle Verfahren zur Postvollmachten-Erteilung bei der Deutschen Post. Stattdessen ist es für Sie als Geschäfts- oder Privatkunde ausreichend, eine oder mehrer Personen per „Innenvollmacht" für Ihren Postempfang zu benennen.

—

Nach Bedarf können Sie unterschiedliche Personen Ihres Vertrauens mit einer rechtswirksamen Vollmacht zur Entgegennahme Ihrer Sendungen ausstatten. Dazu genügt eine entsprechende schriftliche Erklärung, wie sie im Geschäftsalltag üblich ist und den Erfordernissen des BGB entspricht. Für eigenhändig auszuhändigende Sendungen kann diese Vollmacht jedoch nur anerkannt werden, wenn dies ausdrücklich vermerkt ist.

—

Mit unseren rechts abgedruckten Vordrucken haben wir die Handhabung der Vollmacht entsprechend der Vorgaben der Deutschen Post für Sie vereinfacht. Füllen Sie die scheckkartengroßen Vollmachtsformulare aus und legen Sie diese dem Mitarbeiter der Deutschen Post vor.

—

Wer Ihre Post in der Filiale abholt, für den gibt es zwei praktische Wege der Legitimation:

- Sie tragen den Abholer auf der Rückseite ein und er kommt mit dem ausgefüllten Benachrichtigungsschein in die Filiale.
- Sie übergeben ihm seine Karte mit der „Innenvollmacht" und fügen den unausgefüllten Benachrichtigungsschein dazu.

—

Postlagerndes verlangt neben der Vollmacht noch den Ausweis. Die Regel ist, dass postlagernde Beträge und Sendungen nur dem Empfänger persönlich übergeben werden. Die Ausnahme ist: Personen, die zusätzlich zur schriftlichen Vollmacht ein gültiges Ausweispapier des Vollmachtgebers vorlegen und außerdem keine Zweifel an der Empfangsberechtigung entstehen lassen, sind ebenfalls empfangsberechtigt.

—

Bei der Postfachausgabe ist nur der Postfachschlüssel vorzulegen.

—

Diese Vereinfachung gilt jedoch nicht für den „Postident Service". Für diesen Service ist nach wie vor keine Bevollmächtigung möglich. Der Postident Service kann nur persönlich durchgeführt werden.

☐ zum Empfang der für ihn/sie bestimmten Postsendungen
(inkl. Post- und Zahlungsanweisungen, ohne eigenhändig auszuhändigende Sendungen)

Unterschrift des Vollmachtgebers (Vertretungsberechtigten), Datum

☐ auch zum Empfang von eigenhändig auszuhändigenden Sendungen

Unterschrift des Vollmachtgebers (Vertretungsberechtigten), Datum

Vollmachtgeber (Vorname, Name oder Firma und Postanschrift, ggf. Stempelabdruck)

bevollmächtigt bis zum

Vor- und Zuname (bitte in Druckschrift angeben)

Wichtiger Hinweis an den Vollmachtgeber:
Soll die Vollmacht widerrufen werden,
ist diese Karte vom Berechtigten einzuziehen.

☐ zum Empfang der für ihn/sie bestimmten Postsendungen
(inkl. Post- und Zahlungsanweisungen, ohne eigenhändig auszuhändigende Sendungen)

Unterschrift des Vollmachtgebers (Vertretungsberechtigten), Datum

☐ auch zum Empfang von eigenhändig auszuhändigenden Sendungen

Unterschrift des Vollmachtgebers (Vertretungsberechtigten), Datum

Vollmachtgeber (Vorname, Name oder Firma und Postanschrift, ggf. Stempelabdruck)

bevollmächtigt bis zum

Vor- und Zuname (bitte in Druckschrift angeben)

Wichtiger Hinweis an den Vollmachtgeber:
Soll die Vollmacht widerrufen werden,
ist diese Karte vom Berechtigten einzuziehen.

☐ zum Empfang der für ihn/sie bestimmten Postsendungen
(inkl. Post- und Zahlungsanweisungen, ohne eigenhändig auszuhändigende Sendungen)

Unterschrift des Vollmachtgebers (Vertretungsberechtigten), Datum

☐ auch zum Empfang von eigenhändig auszuhändigenden Sendungen

Unterschrift des Vollmachtgebers (Vertretungsberechtigten), Datum

Vollmachtgeber (Vorname, Name oder Firma und Postanschrift, ggf. Stempelabdruck)

bevollmächtigt bis zum

Vor- und Zuname (bitte in Druckschrift angeben)

Wichtiger Hinweis an den Vollmachtgeber:
Soll die Vollmacht widerrufen werden,
ist diese Karte vom Berechtigten einzuziehen.

Mit den Flügeln der Zeit fliegt die Traurigkeit davon.

Th. Fontane

§ Zeit

IV Todesfall

IV TODESFALL

WAS SOFORT ZU TUN IST

Nachstehendes sollten die Hinterbliebenen in Folge erledigen:

	erledigt	Datum
1. Totenschein vom (Unfall-) Arzt oder Krankenhaus	☐	
2. Bestattungsunternehmen beauftragen	☐	
3. Beerdigungstermin festlegen	☐	
4. Kirchengemeinde	☐	
5. Standesamt (Sterbeurkunde mehrfach beantragen)	☐	
6. Traueranzeigen in Zeitungen in Auftrag geben	☐	
7. Trauerkarten	☐	
8. Krankenkasse	☐	
9. Arbeitgeber	☐	
10. Vereine benachrichtigen	☐	
11. Sonderurlaub bei dem eigenen Arbeitgeber beantragen	☐	
12. Testament an Notar oder Nachlassgericht übergeben	☐	
13. Rentenversicherungsträger	☐	
14. Trauerkleidung kaufen	☐	
15. Gestaltung der Trauerfeier festlegen	☐	
16. Unterbringung auswärtiger Trauergäste	☐	
17. Lebensversicherung/Sterbeversicherung	☐	
18. Zusatzversicherung	☐	
19. Finanzamt	☐	
20. Gewerkschaft	☐	
21. Versorgungsamt	☐	
22. Versicherungen	☐	
23. Finanzangelegenheiten	☐	
24. Mitgliedschaften kündigen	☐	
25. TV, Rundfunk und Telefon abmelden bzw. umschreiben	☐	
26. Abonnements kündigen bzw. umschreiben	☐	

Persönliche Notizen

IV Todesfall

Wichtige Anschriften

Rechtsanwalt:

Hausarzt:

Facharzt:

Krankenhaus:

Hausverwaltung:

Vermieter:

Altenwohnheim:

Steuerberater:

Finanzamt:

Bankfiliale:

IV Todesfall

Wünsche der Erblasser

Person 1

Name, Vorname:

Ich wünsche

[Zutreffendes bitte ankreuzen]

☐ eine Erdbestattung ☐ eine Feuerbestattung ☐ eine Seebestattung

☐ eine Bestattung ohne Kirche ☐ eine anonyme Bestattung

Die Bestattung soll stattfinden:

[Angabe des Bestattungsortes]

Eine Grabstätte ist bereits vorhanden ☐ Nein ☐ Ja, Grab-Nr.:

In folgenden Zeitungen wünsche ich Traueranzeigen:

Besondere Wünsche für die Trauerfeier

1. Grabrede:
2. Chor:
3. Musikstücke:
4. Grabschmuck:
5. Spenden an:
6. Trauerfeier in:
7. Bestattung durch:
8. Grabausstattung von:
9. Sarg-/Urnenqualität:
   [schlicht/exklusiv, Material]
10. Art des Grabsteins:
11. Sonstiges:

Ort und Datum Unterschrift des Erblassers

IV Todesfall

Person 2

Name, Vorname:

Ich wünsche

[Zutreffendes bitte ankreuzen]

☐ eine Erdbestattung ☐ eine Feuerbestattung ☐ eine Seebestattung

☐ eine Bestattung ohne Kirche ☐ eine anonyme Bestattung

Die Bestattung soll stattfinden:

[Angabe des Bestattungsortes]

Eine Grabstätte ist bereits vorhanden ☐ Nein ☐ Ja, Grab-Nr.:

In folgenden Zeitungen wünsche ich Traueranzeigen:

Besondere Wünsche für die Trauerfeier

1. Grabrede:
2. Chor:
3. Musikstücke:
4. Grabschmuck:
5. Spenden an:
6. Trauerfeier in:
7. Bestattung durch:
8. Grabausstattung von:
9. Sarg-/Urnenqualität:
   [schlicht/exklusiv, Material]
10. Art des Grabsteins:
11. Sonstiges:

Ort und Datum Unterschrift des Erblassers

Persönliche Notizen

IV Todesfall

Liste der im Todesfall zu benachrichtigenden Personen

Trauerbriefe

Zu benachrichtigen sind: Angehörige, Freunde, Arbeits- und Vereinskollegen, Bekannte, Geschäftsfreunde usw.

Name	Adresse	Telefon
1.		
2.		
3.		
4.		
5.		
6.		
7.		
8.		
9.		
10.		
11.		
12.		
13.		
14.		
15.		
16.		
17.		
18.		
19.		
20.		
21.		
22.		
23.		

IV Todesfall

Name	Adresse	Telefon
24.		
25.		
26.		
27.		
28.		
29.		
30.		
31.		
32.		
33.		
34.		
35.		
36.		
37.		
38.		
39.		
40.		
41.		
42.		
43.		
44.		
45.		
46.		
47.		
48.		
49.		
50.		

IV Todesfall

Name	Adresse	Telefon
51.		
52.		
53.		
54.		
55.		
56.		
57.		
58.		
59.		
60.		
61.		
62.		
63.		
64.		
65.		
66.		
67.		
68.		
69.		
70.		
71.		
72.		
73.		
74.		
75.		

[Wenn notwendig, bitte eine weitere Auflistung als Anlage beifügen.]

Persönliche Notizen

IV Todesfall

Hinweise für handgeschriebene Testamente

Hinweis

Das Bürgerliche Gesetzbuch (BGB) hat geregelt, wer nach dem Tode eines Menschen nach diesem etwas erbt (gesetzliche Erbfolge). Bei überschaubaren Verhältnissen kommt es dabei meist auch zu einigermaßen gerechten Ergebnissen.

Jedoch erleben wir es in unserer anwaltlichen Tätigkeit auch immer wieder, dass gerade bei einzelnen Erbstücken wie z. B. einer Briefmarkensammlung oder bei der Verteilung des Familienschmucks unnötiger Streit entsteht. Solche z. T. erbittert geführten Auseinandersetzungen könnten oft durch eine im Voraus getroffene, klare testamentarische Regelung vermieden werden. In jedem Fall aber empfiehlt es sich ein Testament zu machen, wenn die Familien- und Vermögensumstände ohnehin komplizierter liegen.

Im Gegensatz zu der eher starren gesetzlichen Erbfolge gilt für die individuelle Vermögensaufteilung per Testament die „Testierfreiheit". Dies bedeutet, dass grundsätzlich jedermann als künftiger Erblasser frei über sein Eigentum verfügen darf, allerdings in gewissen Grenzen.

Engen Angehörigen des Erblassers (je nach Lage Kindern, Ehegatten oder Eltern) steht nämlich in der Regel der gesetzliche Pflichtteil zu. Dieser Mindestanteil am Erbe beträgt wertmäßig die Hälfte des „normalen" gesetzlichen Erbteils.

Ist ein Pflichtteilsberechtigter in einem Testament nicht bedacht worden, so kann er im Erbfall den Pflichtteil alsbald in Geld einfordern (die Eltern des Erblassers nur, sofern weder Kinder noch hinterbliebener Ehepartner vorhanden sind). Da entsprechende Geldbeträge selten zur Verfügung stehen, kann insbesondere der hinterbliebene Ehegatte oder auch das Unternehmen des Verstorbenen in große Schwierigkeiten geraten.

Deshalb setzen sich viele Ehepartner gegenseitig als Vollerben ein (Berliner Testament) und versuchen dabei einer plötzlichen Geldforderung nach dem Tode des einen Partners vorzubeugen:
Sollte z. B. eines der Kinder nach dem Tode des einen Elternteils seinen Pflichtteil einfordern, wird im Testament verfügt, dass der Betreffende in seinem Erbe auch beim Tod des anderen Elternteils auf den Pflichtteil beschränkt bleibt.

Eine vollständige Enterbung, bei der sogar der Anspruch auf den Pflichtteil hinfällig wird, ist dagegen nur unter außergewöhnlichen Umständen möglich.

Das handgeschriebene Testament

Die früheste Möglichkeit, ein eigenes Testament zu errichten, hat der Gesetzgeber zum vollendeten 16. Lebensjahr bestimmt: Ab diesem Zeitpunkt kann man seinen letzten Willen notariell beurkunden lassen.

Die gebräuchlichste Verfügungsweise ist neben dem notariellen Testament bzw. dem notariellen Erbvertrag das handgeschriebene Testament. Mit ihm bietet sich für jedes volljährige Familienmitglied eine mit den anderen Formen gleichrangige Möglichkeit, den letzten Willen bekunden und durchsetzen zu lassen. Dabei sind jedoch unbedingt gewisse Formerfordernisse einzuhalten.

IV Todesfall

Sehr wichtig

Gültig ist stets das jeweils letzte handgeschriebene Testament.
Bitte beachten Sie, dass bei einem solchen Testament jedes Wort, jeder Name und jede Zahl handschriftlich geschrieben und das Testament mit Datum und Unterschrift versehen sein muss. Anderenfalls ist das gesamte Testament unwirksam!

Bei Ehepartnern sowie bei der eingetragenen Lebenspartnerschaft – nicht jedoch bei nichtehelicher Lebensgemeinschaft! – reicht es aus, wenn ein Ehepartner bzw. Lebenspartner das Testament handschriftlich erstellt und der andere Ehepartner bzw. Lebenspartner dieses mit unterschreibt.

—

Wenn Sie unsicher sind, auf welche Weise Sie über Ihren Nachlass mit Vermächtnissen, Auflagen etc. verfügen wollen und zudem noch die Familienverhältnisse komplizierter sein sollten, z. B. mit

- Kindern aus mehreren Ehen oder nichtehelichen Kindern
- geschiedenen Ehen bzw. getrennten Partnerschaften
- behinderten Kindern mit langfristigen Unterhaltsverpflichtungen
- eigenen Schulden bzw. Verschuldung potenzieller Erben
- Beteiligungen an Kapitalgesellschaften bzw. Gesellschaften bürgerlichen Rechts
- Personen, die enterbt werden sollen oder
- Erben, denen ein Pflichtteilsanspruch in guter Absicht entzogen werden soll,

raten wir an, zu einem Rechtsanwalt oder Notar Ihres Vertrauens zu gehen.

—

Die Kosten werden von dem Notar entsprechend der Gebührentabelle berechnet, das Honorar für den Anwalt kann auf Stundenbasis vereinbart oder über den Gegenstandswert entsprechend anwaltlicher Gebührentabellen berechnet werden.

Fragen Sie, bevor Sie den Notar oder den Anwalt um Beratung bitten, welche Kosten entstehen sowie nach der Berechnungsart, die er anwenden will - und welcher Modus für Sie am vorteilhaftesten ist.*

Wir halten auch das Buch der Autoren Dr. Günter Huber und Clemens Möhrmann „Richtig erben und vererben – Klug und vorausschauend Testament gestalten" des Rudolf Haufe Verlages, Freiburg/ Breisgau für empfehlenswert. Dieses gut verständliche Werk kann im Buchhandel unter ISBN 3-448-04651-5 erworben werden. Neben Antworten für die wichtigsten Fragestellungen ist eine CD-ROM mit sämtlichen Mustern und Briefen enthalten sowie eine Internet-Verlinkung, mit der die regelmäßig aktualisierten Formulare verfügbar werden. Alternativ sind die o.g. Dokumente per (kostenpflichtigem) Fax-Abruf zu erwerben.

IV Todesfall

Wichtig

Das beste Testament nutzt nichts, wenn es nicht gefunden und dem Nachlassgericht vorgelegt werden kann. Bewahren Sie deshalb das handgeschriebene Testament entweder in einem Tresor, Bankschließfach oder an einem anderen sicheren Ort auf und informieren Sie Personen Ihres Vertrauens von dessen Existenz und wo es liegt.

Ihr handgeschriebenes Testament kann auch zu geringen Kosten beim Nachlassgericht aufbewahrt werden. Damit wird es von Amts wegen im Todesfall geöffnet und die Erben werden hiervon benachrichtigt. Auch diese Form der Verwahrung kann über ein Notariat oder eine Anwaltskanzlei Ihres Vertrauens organisiert werden.

Vorsicht

Weil ein Testament ein so wichtiges Dokument ist, meinen viele, sie müssten sich besonders „amtlich" ausdrücken. Leider steht dann nicht selten etwas ganz anderes auf dem Papier, als das eigentlich Gemeinte. Deshalb: Schreiben Sie schnörkellos und unmissverständlich auf, was mit Ihrem Nachlass geschehen soll!

Um Ihnen den Einstieg ins eigene Testament zu erleichtern, verweisen wir auf die Formulierungshilfen in den nachstehenden Beispielen. Bitte beachten Sie jedoch, dass diese Texte lediglich als Anregung dienen sollen.

Maßgeblich sind für Ihr Testament letztlich allein Ihre ganz persönlichen Lebens- und Vermögensumstände! Auf sie muss der Inhalt des Testaments ausgerichtet werden, damit Ihr „letzter Wille" auch Ihren tatsächlichen Vorstellungen entspricht.

Beispiel 1

Testament eines unverheirateten Erblassers

Mein letzter Wille

Zu meinen Erben setze ich hiermit zu gleichen Anteilen meine Geschwister Susanne Mustermann und Simone Mustermann ein.

Ersatzerben sind die jeweiligen Abkömmlinge der Miterben und zwar untereinander zu gleichen Teilen.

Ich widerrufe hiermit zugleich alle früheren Verfügungen von Todes wegen.

Musterstadt, den 31.12.2002

Otto Mustermann

IV Todesfall

Beispiel 2

Einzeltestament eines verheirateten Erblassers

Mein letzter Wille

Ich setze hiermit meine Ehefrau Karin Mustermann, geborene Maier, zu meiner Alleinerbin ein.

Ersatzerben sind unsere beiden Kinder Susanne Mustermann und Simone Mustermann zu gleichen Teilen.

Ich widerrufe hiermit sämtliche früheren Verfügungen von Todes wegen.

Musterstadt, den 31.12.2002

Heinrich Mustermann

Beispiel 3

Gemeinschaftliches Testament

Unser letzter Wille

Wir, die Eheleute Karin Mustermann und Heinrich Mustermann, setzen uns gegenseitig zu unseren alleinigen und unbeschränkten Erben ein.

Erben des Letztversterbenden sind unsere drei Kinder, Susanne Mustermann, geboren am ..., Simone Mustermann, geboren am .... und Stefan Mustermann, geboren am ..., zu je einem Drittel.

Wir widerrufen hiermit sämtliche früheren Verfügungen von Todes wegen.

Musterstadt, den 31.12.2002

Heinrich Mustermann

Dies ist auch mein letzter Wille

Musterstadt, den 31.12.2002

Karin Mustermann

IV Todesfall

Beispiel 4

Gegenseitige Erbeinsetzung, Kinder als Schlusserben, Pflichtteilsklausel(sog. Berliner Testament)

—

Mein letzter Wille

—

Wir, die Eheleute Karin Mustermann und Heinrich Mustermann, setzen uns gegenseitig als Vollerben ein. Erben nach dem Tod des zuletztversterbenden Ehegatten sind unsere drei Kinder zu gleichen Teilen. Sollte eines der Kinder beim Tod des Erstversterbenden Pflichtteilsansprüche geltend machen, erhält es beim Tod des Letztversterbenden ebenfalls nur den Pflichtteil. Sein Anteil wächst dann den anderen Kindern zu gleichen Teilen zu.

—

All diese Verfügungen ersetzen alle früheren Verfügungen von Todes wegen.

—

Musterstadt, den 31.12.2002

Heinrich Mustermann

—

Dies ist auch mein letzter Wille

—

Musterstadt, den 31.12.2002

Karin Mustermann

—

Beispiel 5

Kinder als Erben, Nießbrauch der Ehefrau, Vermächtnis

—

Mein letzter Wille

—

Meine Kinder Stefan, Susanne und Simone werden nach meinem Tod meine Erben zu je einem Drittel. Meiner Ehefrau Karin steht bis zu ihrem Tod oder bis zu ihrer Wiederverheiratung der Nießbrauch an meinem Nachlass zu.

—

Außerdem sollen (als Vermächtnis) erhalten:
- meine langjährige Angestellte Louise Neustädter einen Betrag von 5000,- Euro
- mein Patenkind Thomas Scheibel meine goldene Uhr
- sowie mein Freund Friedrich Hoyer meine Münzsammlung.

—

Musterstadt, den 31.12.2002

Heinrich Mustermann

—

IV Todesfall

Beispiel 6

Einzeltestament mit Vor- und Nacherbschaft, Testamentsvollstrecker

Mein letzter Wille

Mein alleiniger Vorerbe ist mein Ehemann Heinrich Mustermann. Nacherben sind unsere beiden Kinder, Simone Mustermann, geboren am ... und Stefan Mustermann, geboren am ..., zu je gleichen Teilen.

Der Nacherbfall tritt mit der Wiederverheiratung oder dem Tod des Vorerben ein.

Die Nacherben sind zugleich Ersatzerben zu gleichen Anteilen. Ich ordne Testamentsvollstreckung an. Zum Testamentsvollstrecker bestimme ich Frau Hermine Klug, Musterstadt, Königstr. 5a.

Hiermit widerrufe ich zugleich sämtliche früheren Verfügungen von Todes wegen.

Musterstadt, den 31.12.2002

Karin Mustermann

Mit diesen Beispielen geben wir Ihnen einen Einblick in die Vielfalt möglicher Verfügungen. Natürlich gehört das Aufsetzen eines Testaments weder zu den alltäglichen, noch zu den besonders erfreulichen Aufgaben.

Damit aber ein Erbstreit vermieden und der Familienfrieden auch über den Generationenwechsel hinweg sichergestellt werden kann, sollten Sie es nicht aufschieben Ihre „letzten Angelegenheiten" alsbald zu ordnen. Allzu oft haben wir Anwälte es mit betrüblichen Zwistigkeiten unter den Erben zu tun, die durch eine kluge Regelung hätten umgangen werden können!

IV Todesfall

Mein Testament Person 1

IV Todesfall

Mein Testament Person 2

IV Todesfall

Raum für Testamentsänderungen der Erblasser 1-2.
Wichtig: Auch hier gelten die o.g. Formvorschriften!

IV Todesfall

Zuordnung bestimmter Erbstücke als Bestandteil des Testaments

Person 1

Zuordnung bestimmter Erbstücke (zum Beispiel Bücher, Gemälde, Kfz, Möbel, Musikinstrumente, Sammlungen, Schmuck, Tafelsilber, Teppiche)

Vor- und Zuname des Erblassers: ____________________

	Gegenstand/ genaue Bezeichnung	Wert	Empfänger/ genaue Bezeichnung
1.			
2.			
3.			
4.			
5.			
6.			
7.			
8.			
9.			
10.			
11.			
12.			
13.			
14.			
15.			
16.			
17.			
18.			
19.			
20.			

Gegebenenfalls bitte eine weitere Auflistung als Anlage beifügen.

____

Ort und Datum

Unterschrift des Erblassers

IV TODESFALL

PERSON 2

Zuordnung bestimmter Erbstücke (zum Beispiel Bücher, Gemälde, Kfz, Möbel, Musikinstrumente, Sammlungen, Schmuck, Tafelsilber, Teppiche)

Vor- und Zuname des Erblassers:

	Gegenstand/ genaue Bezeichnung	Wert	Empfänger/ genaue Bezeichnung
1.			
2.			
3.			
4.			
5.			
6.			
7.			
8.			
9.			
10.			
11.			
12.			
13.			
14.			
15.			
16.			
17.			
18.			
19.			
20.			

Gegebenenfalls bitte eine weitere Auflistung als Anlage beifügen.

Ort und Datum

Unterschrift des Erblassers

Persönliche Notizen

IV Todesfall

Testamentshinterlegung/-Vollstrecker, Vormund und Erbvertrag

Ich habe / Wir haben ein Testament hinterlegt:

Bei dem Amtsgericht:

[Adresse und Angabe des Hinterlegungsscheins mit Hinterlegungs - Nr.]

Bei dem Notar:

[Adresse und Angabe der Hinterlegungs - Nr.]

Handschriftliches Testament:

[Aufbewahrungsort]

Es besteht ein notarieller Erbvertrag mit:

Name | Adresse | Hinterlegungsort

Als Testamentsvollstrecker habe ich im Testament benannt:

> Den Testamentsvollstrecker bitte[n] ich/wir zu benachrichtigen. <

Name | Adresse

Als Vormund unserer Kinder habe(n) ich/wir durch das Testament benannt:

Name | Adresse

☐ **Ich habe/Wir haben keinen Vormund im Testament benannt.**

☐ **Ich bitte/Wir bitten als Vormund vorzuschlagen:**

Name | Adresse

☐ **Für die Betreuung außerhalb der Vormundschaft schlage ich/ schlagen wir vor:**

Name | Adresse

Persönliche Notizen

IV Todesfall

Schiedsvereinbarung mit Hinweisen

Hinweis

Entsprechend dem Gesetz über das Schiedsverfahren vom 01.01.1998 müssen Streitigkeiten über Erbangelegenheiten nicht von den staatlichen Gerichten entschieden werden, sondern können auch einem Schiedsgericht vorgelegt werden.

Was hat dies für Vorteile?

Schiedsgerichte werden mit darauf spezialisierten Richtern besetzt, die in relativ kurzer Zeit entweder eine Einigung herbeiführen oder einen Schiedsspruch fällen können, der rechtsverbindlich ist und auch über einen Gerichtsvollzieher vollstreckt werden kann. Schiedsgerichtsverhandlungen sind grundsätzlich nicht öffentlich und können im Einverständnis der Parteien an jedem beliebigen Ort stattfinden, auch der Anwaltszwang entfällt. Ein Schiedsgericht hat auch nur eine Instanz. Ein Verfahren vor dem Schiedsgericht kann deshalb auf einfachere Art und Weise den Rechtsfrieden herbeiführen, ohne dass tiefgreifende Streitigkeiten und Zerwürfnisse in Erbengemeinschaften hineingetragen werden.

Damit die Schiedsordnung der DSE zur Anwendung kommt, wird dem Erblasser empfohlen, nachfolgende Schiedsvereinbarung in seine Verfügung von Todes wegen (Testament oder Erbvertrag) mit aufzunehmen:

1. *„Im Wege der Auflage verpflichte ich alle Erben, Vermächtnisnehmer und Auflagenbegünstigten, für Streitigkeiten, die durch dieses Testament oder diesen Erbvertrag hervorgerufen sind und ihren Grund in dem Erbfall haben, sich unter Ausschluss der ordentlichen Gerichte dem Schiedsgericht der Deutschen Schiedsstelle e. V. (DSE) und der von dieser zugrunde gelegten jeweils aktuellen Schiedsordnung zu unterwerfen."*
   Das Schiedsgericht sowie die anzuwendende Verfahrensordnung ist von der Deutschen Schiedsgerichtsbarkeit für Erbstreitigkeiten e. V. (DSE), Hauptstr. 18, 74918 Angelbachtal/Heidelberg, mit verbindlicher Wirkung zu bestimmen.

   In Erweiterung von § 2194 BGB bestimme ich alle in der Verfügung von Todes wegen Bedachten (Erben, Vermächtnisnehmer, Auflagenbegünstigte) sowie den Testaments-Vollstrecker zu Vollziehungsberechtigten dieser Auflage."

Wichtig:

Im Fall des handschriftlichen Testaments muss diese Klausel zu Ziffer 1. handschriftlich in das Testament eingefügt werden.

Darüber hinaus kann die Schiedsvereinbarung auch durch die Erben selbst getroffen werden. Sollte die Verfügung von Todes wegen keine Schiedsklausel enthalten, so können die Erben diese wie folgt nach dem Erbfall selbst vereinbaren.

Es empfiehlt sich folgende Formulierung:

2. *„Alle Streitigkeiten, die sich im Zusammenhang mit dem Erbfall und der zugrunde liegenden Verfügung von Todes wegen vom __________ (Datum) oder über ihre Gültigkeit ergeben, werden nach der Schiedsgerichtsordnung der Deutschen Schiedsstelle für Erbstreitigkeiten (DSE)*
   74918 Angelbachtal/Heidelberg, Hauptstr. 18,
   Telefon: 07265 / 49 37 44/45, Telefax: 07265 / 49 3746
   Internet: www.erbrecht.de
   unter Ausschluss des ordentlichen Rechtsweges endgültig entschieden."

Persönliche Notizen

IV Todesfall

Organverfügung

Organspende

Mit einer Entnahme
- ☐ aller Organe
- ☐ der im Folgenden aufgeführten Organe

1. ______________________________

2. ______________________________

3. ______________________________

4. ______________________________

5. ______________________________

zu dem Zweck der Organspende bin ich unter der Voraussetzung einverstanden, dass mindestens zwei Ärzte unabhängig voneinander meinen klinischen Tod festgestellt haben.

Ort und Datum: ______________________________

Unterschrift des Organspenders: ______________________________

Wissenschaftlicher Zweck

Unter den zur Betreuungsverfügung und zur Patientenverfügung genannten Voraussetzungen bin ich damit einverstanden, dass mein Körper nach meinem Tod wissenschaftlichen Zwecken zur Verfügung steht.

Ort und Datum: ______________________________

Unterschrift des Organspenders: ______________________________

Persönliche Notizen

IV Todesfall

Organverfügung des Partners

Organspende

Mit einer Entnahme
☐ aller Organe
☐ der im Folgenden aufgeführten Organe

1. ______________________________
2. ______________________________
3. ______________________________
4. ______________________________
5. ______________________________

zu dem Zweck der Organspende bin ich unter der Voraussetzung einverstanden, dass mindestens zwei Ärzte unabhängig voneinander meinen klinischen Tod festgestellt haben.

Ort und Datum: ______________________________

Unterschrift des Organspenders: ______________________________

Wissenschaftlicher Zweck

Unter den zur Betreuungsverfügung und zur Patientenverfügung genannten Voraussetzungen bin ich damit einverstanden, dass mein Körper nach meinem Tod wissenschaftlichen Zwecken zur Verfügung steht.

Ort und Datum: ______________________________

Unterschrift des Organspenders: ______________________________

Persönliche Notizen

IV Todesfall

Festlegungen über die Versorgung und Pflege von Haustieren mit Hinweisen

Hinweis

Für viele Menschen ist es wichtig, dass in ihrem Todesfall ihre Haustiere gut versorgt und nicht vernachlässigt werden.

Sie können deshalb eine Betreuungsklausel in das Testament oder den notariellen Erbvertrag aufnehmen.

Wichtig

Im Falle des handschriftlichen Testamentes muss diese Festlegung handschriftlich in das Testament eingefügt sein.

Formulierungsvorschlag:

Ich wünsche, dass mein Haustier: ______________________________

bis zu seinem natürlichen Tode versorgt und medizinisch betreut wird.

Die medizinische Betreuung soll durch unseren Tierarzt

Frau/Herr: ______________________________

vorgenommen werden.

Die Versorgung soll von

Frau/Herr: ______________________________

Anschrift: ______________________________

vorgenommen werden.

Die Kosten für die ärztliche Betreuung und die Versorgung sollen von der Erbengemeinschaft getragen werden

Persönliche Notizen

IV Todesfall

Leitfaden: Was nach einem Sterbefall grundsätzlich zu tun ist

[Bei Detailfragen wenden Sie sich an das Nachlassgericht oder an einen Rechtsanwalt Ihres Vertrauens]

Amtliche Bestätigung/Bestattung/Benachrichtigung

	Zuständig	Erforderliche Unterlagen	Frist	Sonstiges	Für Ihre persönlichen Notizen
■ Totenschein	- Hausarzt Krankenhausarzt		unverzüglich		ausgestellt am ________
Sterbeurkunde*	- Standesamt, in dessen Bezirk sich der Sterbefall ereignet hat Ort: ________	Totenschein - Familienbuch des Verstorbenen - Personalausweis oder Reisepass des Verstorbenen	spätestens am auf den Todestag folgenden Werktag Datum: ________	Meldepflichtig: - Familienhaupt - Wohnungsinhaber - jede Person, die bei dem Tod zugegen war [oder von ihm aus eigener Wissenschaft erfahren hat]	
■ Todesanzeige	- Private Druckerei - Zeitung je nach Wunsch		unverzüglich	Wird auch von Bestattungsunternehmen durchgeführt	aufgegeben am: ________
Bestattung	- Friedhofsamt/-verwaltung - Pfarramt	- Sterbeurkunde - ggf. Urkunde über Erbkaufgrab		Wird von Bestattungsunternehmen durchgeführt [bieten umfangreiche Unterstützung an]	Formalitäten erledigt am: ________
Feuerbestattung	- Genehmigung der Polizei bzw. Ordnungsbehörde	- Sterbeurkunde - ggf. letztwillige Verfügung des Verstorbenen	spätestens 24 Stunden vorher	Wird auch von Bestattungsunternehmen durchgeführt	Formalitäten erledigt am: ________
■ Arbeits-/Dienstvertrag	- Arbeitgeber bzw. Dienstherr	- Sterbeurkunde	unverzüglich		erledigt am: ________ um ____ Uhr

* Lassen Sie sich am besten gleich mehrere Ausfertigungen oder beglaubigte Kopien ausstellen, da Sie diese in vielen Fällen benötigen.

■ > *Kennzeichnen alle Dinge, die sofort erledigt werden müssen.* <

IV Todesfall

Nachlassabwicklung

	Zuständig	Erforderliche Unterlagen	Frist	Sonstiges	Für Ihre persönlichen Notizen
Anzeige an Finanzamt	- Örtlich zuständiges Finanzamt	- Formblatt des Finanzamtes	3 Monate ab Erlangung der Kenntnis vom Erbfall		erledigt am:
- Testamentseröffnung	- Amtsgericht [Nachlassgericht] sowie in Baden-Württemberg die verwahrenden Notariate	- Sterbeurkunde - Sämtliche Testamente - Erbverträge			Ort: Datum:
- Erbschein	- Amtsgericht [Nachlassgericht] - In Baden-Württemberg die Notariate	- Sterbeurkunde - Sämtliche Verfügungen von Todes wegen - Personalausweis des Antragstellers			ausgestellt am:
- Ausschlagen	- Amtsgericht [Nachlassgericht]		6 Wochen ab Kenntnis		erledigt am:

Bankverbindung

	Zuständig	Erforderliche Unterlagen	Frist	Sonstiges	Für Ihre persönlichen Notizen
Überprüfung und ggf. Löschung von - Daueraufträgen und - Lastschriften [ggf. Vermögensübersicht]	- Bank oder Sparkasse - Einziehende Stelle/Empfänger				erledigt am: um Uhr
Feststellung von Bankverbindungen und Benachrichtigung	- Bank oder Sparkasse	- Erbschein oder - Ausfertigung oder beglaubigte Abschrift des Gerichts einer Verfügung von Todes wegen und - zugehörige Eröffnungs-Niederschrift	unverzüglich	Für Verfügungen: Prüfen, ob - Vollmacht für den Todesfall - Vollmacht über den Tod hinaus - Altersvorsorgevollmacht besteht	erledigt am: um Uhr

IV TODESFALL

VERSICHERUNG UND VERSORGUNG

	Zuständig	Erforderliche Unterlagen	Frist	Sonstiges	Für Ihre persönlichen Notizen
Gesetzliche Altersvers. (Bundes-/ Landesvers.-Anstalt für Angestellte oder zuständige Arbeiterrentenvers. Oder zuständige knappschaftliche Rentenvers.)	Versicherungsämter der Städte/ Gemeinden				benachrichtigt am:
Risiko-Lebens-Versicherung (aus Bausparvertrag oder Darlehensvertrag)	- aus den Unterlagen ersichtliche Vers.-Gesellschaft, an Hauptverwaltung oder Niederlassung	- Sterbeurkunde - Vers.-Police - Ggf. Beitragsquittung - Ärztliches Attest über die Todesursache	3 Tage nach Eintritt des Todes		erledigt am: um Uhr
(Private) Unfall-Versicherung (bei Unfall)	- aus den Unterlagen ersichtliche Vers.-Gesellschaft, an Hauptverwaltung oder Niederlassung	- Sterbeurkunde - Vers.-Police	i. d. R. sofortige Benachrichtigung		erledigt am: um Uhr
Sonstige Versicherungen (Hausrat, Haftpflicht, Rechtsschutz, Kfz etc.)	- aus den Unterlagen ersichtliche Vers.-Gesellschaft, an Hauptverwaltung oder Niederlassung	- Sterbeurkunde - Vers.-Police - Ggf. Beitragsquittung - Ärztliches Attest über die Todesursache	unverzüglich	Ggf. Policenordnung durchführen	erledigt am: um Uhr
Antrag auf Fortzahlung der Rente des Verstorbenen für 3 Monate	- Rentenzahlstelle	- Sterbeurkunde Letzter Rentenbescheid	unverzüglich		benachrichtigt am:
■ Weiterzahlung von Prämien bei Personenversicherungen zugunsten von Angehörigen	- bei Rückfragen die jeweilige Versicherungsgesellschaft	- Sterbeurkunde - Vers.-Police	unverzüglich		erledigt am: um Uhr
■ Berufsgenossenschaft (bei Unfall)	- Arbeitgeber	- Sterbeurkunde	unverzüglich		erledigt am: um Uhr
■ Sterbekasse	- aus den Unterlagen ersichtlich	- Sterbeurkunde - Police	unverzüglich		erledigt am: um Uhr
■ Krankenversicherung ■ Beihilfestellen (bei Beamten) wegen Sterbegeld	- aus den Unterlagen ersichtlich	- Beleg über Bestattungskosten - Sterbeurkunde	unverzüglich	Wird auch von Bestattungsunternehmen durchgeführt	erledigt am: um Uhr
Lebensversicherung	- aus den Unterlagen ersichtliche Vers.-Gesellschaft, an Hauptverwaltung oder Niederlassung	- Sterbeurkunde - Vers.-Police - Ggf. Beitragsquittung - Ärztliches Attest über die Todesursache	3 Tage nach Eintritt des Todes		erledigt am: um Uhr
Witwen-/ Waisenrente	- Rentenzahlstelle	- Sterbeurkunde - Letzter Rentenbescheid	unverzüglich		benachrichtigt am:

IV Todesfall

Haus und Wohnung

	Zuständig	Erforderliche Unterlagen	Frist	Sonstiges	Für Ihre persönlichen Notizen
Zeitungsabonnement	- Zeitungsverlag		unverzüglich		erledigt am: ____ um ____ Uhr
Mietvertrag	- Vermieter		unter Einhaltung der gesetzlichen Kündigungsfrist		erledigt am: ____ um ____ Uhr
Verträge über z. B. Rundfunk	- GEZ		unverzüglich		erledigt am: ____ um ____ Uhr
Strom	- Energieversorgungsunternehmen		unverzüglich		erledigt am: ____ um ____ Uhr
Wasser	- Wasserwerke		unverzüglich		erledigt am: ____ um ____ Uhr
Gas	- Gasversorgungsunternehmen		unverzüglich		erledigt am: ____ um ____ Uhr
Telefon	- Zuständiges Fernmeldeamt		unverzüglich		erledigt am: ____ um ____ Uhr
Internet	- Provider		unverzüglich		erledigt am: ____ um ____ Uhr

IV Todesfall

Raum für eigene Notizen

IV Todesfall

Raum für eigene Notizen

IV Todesfall

Raum für eigene Notizen

V Online-Service

Antrag | 151

Sei allem Abschied
voran, als wäre er
hinter dir

R. Maria Rilke

§ Abschied

V Online-Service der www.deutsche-verfuegungszentrale.de

Ich möchte in den Online-Service der **www.deutsche-verfuegungszentrale.de** aufnommen werden!

Bitte in Blockschrift ausfüllen und per Brief oder Fax 0351- 8117445 an:

www.deutsche-verfuegungszentrale.de
c/o MEGO Internet-Verlag GmbH
Louisenstraße 62-64
01099 Dresden

☐ Herr ☐ Frau Titel:

Name: Vorname:
[Rufnamen bitte unterstreichen]

Geburtstag: Geburtsort:

Straße / Hausnr.: PLZ / Ort:

Telefon: Fax:

Mobil: E-Mail:

Wichtig zur näheren Online-Identifizierung:

Personalausweis- Nr. Reisepass Nr:

Krankenkasse:

Krankenversicherungsnummer:

Ich habe folgende Verfügungen verfasst:

☐ Betreuungsverfügung(en) ☐ Patientenverfügung(en)

☐ Vorsorgevollmacht(en) ☐ Organverfügung(en) ☐ Psychiatrievereinbarung(en)

Die o.g. Vorsorgeverfügungen sind hinterlegt bei nachstehender Person / Institution (bei mehreren siehe umseitig) mit der Bevollmächtigung, die Verfügungen auf Anfrage vorzulegen.

Name, Vorname / Kanzlei / Institution:
[Rufnamen bitte unterstreichen]

Straße / Hausnr.: PLZ / Ort:

Telefon: Fax:

Mobil: E-Mail:

Ergänzende Angaben zur Aufbewahrung: (z.B. Tresor, Schreibtisch etc.)

____

____

Ich bevollmächtige und beauftrage die genannten Personen, die o.g. Verfügungen auf Anforderung eines Krankenhauses, Arztes oder Vormundschaftsrichters vorzulegen, damit entsprechend meiner Erklärung verfahren werden kann.

Ich habe hilfsweise folgende weitere Personen beauftragt bzw. mehrere Aufbewahrungs- oder Hinterlegungsorte gewählt und teile deshalb ergänzend mit:

____

____

____

Ich wähle den

☐ **Standardeintrag** mit einer Laufzeit von 6 Jahren inklusive eines 3-maligen Erinnerungsservice zum Preis von 42,00 Euro inkl. MwSt. (entspricht einem Monatsbeitrag von 58 Cent)

☐ **Dauereintrag** mit einer Laufzeit von 20 Jahren inklusive eines 10-maligen Erinnerungsservice zum Preis von 94,00 Euro inkl. MwSt. (entspricht einem Monatsbeitrag von 39 Cent)

Mit diesem Antrag bestätige ich, dass o.g. Verfügungen meinem Willen entsprechen.
Ich habe die Allgemeinen Geschäftsbedingungen zur Kenntnis genommen.

____

Ort / Datum Unterschrift

Allgemeine Geschäftsbedingungen des MEGO Internet-Verlages
für die Einstellung von sachlichen und persönlichen Daten in die Datenbank der www.deutsche-verfuegungszentrale.de

1. Die MEGO Internet-Verlag GmbH (MEGO) verpflichtet sich, die Daten und Hinweise entsprechend dem jeweiligen Aufnahmeantrag in die Datenbank der www.deutsche-verfuegungszentrale.de einzustellen. Für die Aktualität der eingestellten Informationen übernimmt MEGO keine Haftung.

2. Nach Eingang des Aufnahmeantrages werden die Informationen unverzüglich in die Datenbank eingestellt.

3. Von dem Kunden gewünschte Änderungen der Hinweise im sachlichen und personellen Bereich werden unverzüglich bearbeitet und mit einer Bearbeitungsgebühr von 14,00 Euro inkl. MwSt. in Rechnung gestellt. Der Vertrag über die Aufnahme in die www.deutsche-verfuegungszentrale.de beläuft sich auf sechs bzw. zwanzig Jahre. Er verlängert sich um jeweils weitere sechs Jahre, wenn er nicht ein halbes Jahr vor dem jeweiligen Vertragsende von einer der Vertragsparteien gekündigt wird.

4. Mit der Rechnung erhält der Kunde eine Kopie seines Dateneintrages zur Kontrolle und für seine persönlichen Akten.

5. Neben der Einstellung der Daten und Informationen in die Datenbank der www.deutsche-verfuegungszentrale.de für sechs bzw. zwanzig Jahre umfasst die Leistung einen Erinnerungsservice nach jeweils zwei Jahren zum jeweiligen Jahresende, damit die Verfügungen zeitnah bestätigt werden und damit ihre allgemeine Rechtswirksamkeit entfalten.

6. MEGO verpflichtet sich, die erhobenen Daten ausschließlich zur Erfüllung der Aufgaben der www.deutsche-verfuegungszentrale.de zu nutzen und nicht an Dritte weiterzugeben.

7. Gerichtsstand ist Dresden. *Dresden, den 20.05.2002*